**RL** Books

# REVISTA  LETRARE

*Shtëpia e letërsisë shqipe*

*Pranverë 2021*

# REVISTA  LETRARE

*Botuese*                  Ornela Musabelliu
*Kryeredaktor*            Arbër Ahmetaj
*Redaktore e përkthimeve*    Eleana Zhako

*Drejtor* Dritan Kiçi
**ACC VZW - BE722862311**
**Revista letrare** ®
https://www.revistaletrare.com
info@revistaletrare.com

*Revista letrare - Pranverë 2021*
ISSN 2736-531X-20211
ISBN 978-9928-324-16-0

© Revista letrare zotëron gjithë të drejtat e botimit, dhënë nga autorët dhe mbajtësit e së drejtës së krijimeve dhe artikujve të botuar online dhe në print. Ndalohet ribotimi në çdo version pa lejen e cilësuar të mbajtësit të së drejtës.

© Botimi i Revistës letrare në print mundësohet nga **RL Books** ®

## RL BOOKS
https://www.rlbooks.eu
admin@rlbooks.eu

Në kopertinë:
Agim Musabelliu, Portret vajze, vaj në telajo
00355 68 274 8401, Facebook: @agim.musabelliu

Bruksel, mars 2021

# Përmbledhje

*Parathënie* .................................................................. 1

## INTERVISTË

Flutura Açka ............................................................... 97

## PROZË

Ilias Kucukos, *Koha kalon përmes syve të saj* ............. 5
Visar Zhiti, *Klouni i mesnatës* ................................... 26
Durim Taçi, *Fati nga një portë tjetër* ......................... 37
Arbër Ahmetaj
    *Frutat e fjalës "të dua"* ......................................... 68
    *Banda e Dervish Luzhës në Bruksel* ..................... 71
Xhemë Karadaku, *As ombrellë, as hije* ..................... 118
Ermir Nika, *Rituali* .................................................. 137
Ornela Musabelliu, *Të panjohurit* ............................. 162

## POEZI

Visar Zhiti, *12 poezi* .................................................. 9
George Nina Elian, *cikël poetik* ................................ 30
Flurans Ilia, *cikël poetik* ........................................... 43
Li-Young Lee, *cikël poetik* ........................................ 54
Balil Gjini, *cikël poetik* ............................................. 62
Petraq Risto, *cikël poetik* .......................................... 74
Erina Çoku, *Ky nuk është stacioni juaj zonjë, poemë* ... 86
Maria Patakia, *cikël poetik* ....................................... 89

Besnik Camaj, *cikël poetik* .............................................. 109
Jasmina Kotrri, *tri poezi* ................................................. 115
Irma Kurti, *cikël poetik* .................................................. 124
Sadik Krasniqi, *poezi* ...................................................... 133
Mimoza Kuchly, *tri poezi* ............................................... 146
Romelda Bozhani, *Rekuiem për poetët* ........................ 150
Neviana Shehi, *poezi* ...................................................... 153

# RETORIKË

Dritan Kiçi, *Mbiemërzimi i gabuar i foljeve
        dhe ndajfoljeve* ............................................ 159

# *Parathënie*

*Nëse do duhej ta përshkruaja Revistën me dy fjalë, do ishin "sakrificë" dhe "dedikim". Pa këto dy virtyte të mishëruara te botuesja, Ornela Musabelliu, Revista nuk do ish këtu. Për sytë që shohin kalimthi në Facebook linqet e Revistës, kjo sakrificë nuk duket, por janë autorët ata që e dinë në heshtje se ku lëngon çdonjëri nga ne. Për këtë i duhet dhënë një falënderim i madh për kontributin e saj të heshtur në letërsinë shqipe.*

Nëse 20 vjetët e parë të shekullit të XX ishin lulëzimi i letrave shqipe, këto 20 të këtij shekulli të ri janë pa diskutim mjerimi. Me një letërsi hipokrite, moraliste e të pakultivuar, habitemi pse nuk na lexon bota, por thellë në shpirt e dimë se e kemi vetë fajin.

Më shumë se 30 vjet që botojmë letër e jo libra. Për pasojë, pakkush e merr mundimin të blejë; lexuesi do letërsi, një letërsi që ia lehtëson jetën dhe e bën të kuptojë se ç'është e mira dhe e bukura, e vyera dhe e pavlera, banalja dhe fisnikja.

Në shqip, e bukura fillon nga SHQIPJA, ndaj gjuha e lënë pas dore e bën letërsinë të shëmtuar, të shtirur, si një lavire që pretendon virtyt. Nga ana tjetër, pretendimet e "reformimit" të shqipes janë sa qesharake, aq edhe shkatërruese. Stili letrar nuk i jep kujt të drejtën e përdhosjes së një gjuhe që ka mijëra vjet që flitet e që tani është konsoliduar e i përket të gjithë atyre që e flasin dhe askujt.

Kjo gjuhë që ka foljet më të pasura ndër shoqe, po përfundon pak e nga pak në një pellg me ujë të ndenjur, ku thuajse nuk gjen dot një fjali pa "për të, për të" e "duke, duke". Paskajorja, me gjithë bukurinë e saj, është kthyer në manierizëm që abuzohet në përdorim, bashkëngjitur me foljet ndihmëse, në zëvendësim të thuajse shumicës së kohëve të foljeve. Ndikimet dhe huazimet nga gjuhë të tjera bëjnë të vetën; kjo është më se e pranueshme, por mangësi të tilla leksikore, gramatikore dhe sintaksore nuk duhet të gjejnë rrjedhë deri në botim. Një shkrimtar i paredaktuar është si një kalë i ngarkuar pa kapistall, që nuk di ku të shkojë. Në letrat shqipe, tutela e redaktorit është përçudnuar në një "korrektim" nga vajza e tezes apo e hallës: "Hajt mo, se ça rëndësie ka!?".

Na përton të ndryshojmë tastierën e telefonit, ta kthejmë në shqip, sepse... hajt mo, se ça bëri "e" apo "ë"; kujt po i prish punë!? Si popull, këto 20 vjet kemi shkuar për lëndë e jemi kthyer me lende. Në mesazhet e shumta nga shkrimtarë dhe poetë të vjen habi se si dikush shkruan (sipas tyre, Revistës letrare më cilësore në shqip) dhe me pretendimin se e njeh mirë gjuhën; ka botuar kaq e aq libra dhe nuk merr mundimin as t'i shkruajë të gjitha germat e shqipes. Për një redaksi e botim letrar, kjo është fyese. Dikush që nuk kupton se respekti ndaj lexuesit fillon e mbaron te gramatika, pak rëndësi ka se po shkruan letërsi apo një SMS, nuk mund të ketë pretendime letrare apo komunikuese.

T'i shkruash fjalët "gabim", në mënyrë fonetike, ashtu siç fliten, mund të konsiderohet gabim për sa i përket standardit, por për mua si redaktor është një gabim i dëshiruar, sepse më jep mundësinë të ruaj një farë autenticiteti të dialektit të autorit. Nga ana tjetër, të mos shkruash me Ë dhe Ç, sepse të përton të ndryshosh tastierën, është faj. Zakonisht, këto mesazhe shkojnë direkt në kosh. Gabimi është i falshëm, faji jo! Për dikë që pretendon se është shkrimtar e poet, "nuk di si ta bëj" nuk është justifikim. Është njësoj si të quhesh murator e mos dish të përdorësh mistrinë apo plumbçen. Alfabeti është vegla bazë e shkrimtarit.

Gjithë sa më sipër janë vuajtjet e Ornelës (kryesisht), që me mirësinë e saj fal e fal e fal dhe justifikon e justifikon e justifikon të tjerët, sikur t'i kishte vëllezër e motra. Megjithatë nuk mund t'i lija pa thënë, sepse me evolucionin e Revistës duhet të ecin para edhe autorët dhe lexuesit, përndryshe ç'vlerë ka ky botim e kjo lodhje!?

Revista është një lëndinë e pastër në shkurrnajën e sotme të botimeve, që fillon e mbaron në Facebook, ku shumica e autorëve rrinë me zemër të mpirë: "sa 'Pëlqime' mora e sa 'Ndarje' bënë?

Botimi në print është një mundësi më shumë për autorët, ku

mund të afirmojnë emrin e të takojnë lexuesin (jo vetëm miqtë në FB), sepse ashtu si çdo pikturë nuk është veç për ekspozita, një tregim a poezi nuk duhet të presë deri sa të bëhet libër.

Me të njëjtin mekanizëm, autorët nisin të mësojnë se çfarë dëshiron lexuesi dhe cila është letërsia që shet. Pretendimi i disa autorëve se nuk ka rëndësi shitja, është qesharak e naiv: Kadareja, Kongoli e Açka shesin libra, sepse lexuesi i do dhe është gati të fusë dorën në xhep t'i ndihmojë e t'i nxisë që prej tyre të marrë një libër më shumë.

Për ta përmbyllur, Revista ka dy funksione kryesore: shembullin e një botimi ku shqipja është e kulluar si uji i Valbonës dhe dhënia e një mundësie autorëve ku të testojnë idetë e tyre, duke shtuar njëkohësisht dhe CV-në e tyre të botimeve.

Lexim të këndshëm!

*Dritan Kiçi*

## *Koha kalon përmes syve të saj*

ILIAS KUCUKOS

Nëse do ndodheshit në malin e vogël të Itamos, verës së nxehtë të pesëmbëdhjetë gushtit, dhe vështronit përposhtë rrugën gjarpërushe me dylbi të forta, çfarë do të shihnit në orën katër e tridhjetë të pasdites?

Ksenokrat Orfanoin do të shihnit, mbi një Kavasaki, duke marrë kthesat e gjera me njëqind kilometra në orë. Atë do të shihnit. Dhe nëse veshët tuaj do arrinin të kapnin ultratinguj, vallë çfarë të thoshte nën kokore Ksenokrat Orfanoi? Çfarë mendoni se do të dëgjonit?

"Përse, i qifsha jetën, përse u katandisa kështu? Përse? Përse?". Këtë do të dëgjonit.

Ksenokrat Orfanoi sapo përshëndeti të dashurën e tij. E dashura rrinte nën një ombrellë plazhi. Ksenokrati u përkul, e puthi ëmbëlsisht në buzë e i tha: "Të dua shpirt", dhe i hipi motorit e iku. Tani ku po shkon Ksenokrati? Ksenokrati po ecën me njëqind në orë, pas, në detyrimet e tij. Po shkon drejt shtëpisë, së shoqes e fëmijës. Po shkon drejt zyrës ku e presin kontrata, dosje, telefonata. Por, ama po shkon... i pakokë. Koka e tij mbeti pas, e prerë deri në rrëzë, mbështetur mbi gjoksin e Izabelës. Pasi, prej shumë kohësh, Ksenokrati e dashuron Izabelën çmendurisht, jo atë të Aragonës, por Izabelën e Tumbës së Poshtme dashuron, që është sa gjysma e tij në moshë. E çfarë rëndësie ka, ku dhe si e njohu? E njohu diku dhe e dashuroi. Dhe sapo e dashuroi, e hoqi kokën dhe ia dhuroi. Kaq e kaq gra ka pasur Ksenokrati në jetë, por asnjëherë nuk e dhuroi kokën e tij. Tani ama, e dha. Këtu e shumë kohë shkon pa kokë në shtëpi, në zyrë, kudo! Pra, mos t'ju duket e çuditshme diçka që është e natyrshme. E dhuron kokën me çfarëdolloj gjëje të bukur që ndodhet brenda një koke dhe ti mban një tjetër të përkohshme, aq sa të mos e kuptojnë të tjerët që ke dhënë kokën tënde të vërtetë e të mendojnë që je krejt normal, mbasi koka jote lëviz, flet, ka sy të shohë, veshë të dëgjojë, hundë të nuhasë e flokë. Por, ajo çka shohin të tjerët është një kokë e rreme, një kokë sa për sy e faqe, që të mund të mbijetosh brenda burgut tënd. Ndërsa ajo që la pas Ksenokrati mbi gjoksin e Izabelës është koka e tij e vërtetë; brenda saj fluturojnë zogj, piktorët pikturojnë peizazhe të tjetërsojta, netëve ndriçojnë diej të çuditshëm, sytë flasin, goja dëgjon prelude nga më befasueset, veshët përkëdhelin me prekje të mëndafshta, hunda është gojë që pi nektar tingujsh... pra, diçka që nuk është e lehtë ta shohësh nëse s'e jeton.

Nëse do të ndodheshit mbi malin e vogël të Itamos dhe ndiqnit me dylbi Ksenokrat Orfanoin mbi motor, do të kuptonit – jam i sigurt – që Ksenokrati nuk i ka punët mirë, kështu siç ka lënë kokën pas dhe ka vënë tjetrën nën kokore. Përse, ama? Pasi, thjesht, Ksenokrati nuk do të gënjejë askënd. Do që të hapë derën e shtëpisë e t'i thotë të shoqes: "Mirëmbrëma! Nuk isha në Larisë për punë! Asgjë s'kam në Larisë! E vetmja gjë që kam, është Izabela e po iki me të. Mbaje shtëpinë, paratë, mbaji të gjitha për vete. Unë po iki me Izabelën!".

Këtë do që të bëjë.

Do që të shkojë në zyrë e të thotë: "Mirëmëngjes! Qysh sot jap dorëheqjen. Mbajini klientët, orenditë, llogaritë e mbetura! Po iki me Izabelën!". Çfarë mbeti tjetër? Oh, po! Shoqëria përreth. Në rregull! Ksenokrati do që të hapë portën e madhe e t'u thërrasë të gjithëve: "Mirëmbrëma zonja e zotërinj të rrethit tim! Që sot s'më plas për asnjë prej jush. Po iki me Izabelën time...!". Dhe përpara se shoqëria të arrijë t'i thotë: "Ç'thua ore! Ç'të duket vetja? Si s'të vjen zor?! Pa shih diferencën që të ndan me të voglën...", Ksenokrati do t'u përplasë derën në fytyrë e do ikë.

Por, për momentin, nuk ndodh asgjë nga këto. Asgjë, pasi Ksenokrati është vithisur brenda këtij eksperimenti kohor pikërisht si ne, që shohim me dylbitë tona kilometrazhin e motorit të tij, për sa sekonda arrin nga tetëdhjetë në njëqind e tridhjetë: një, dy, tre, katër, pesë, gjashtë, shtatë, tetë, nëntë... në të njëjtën kohë fizike, por në tjetër orë me Ksenokratin, që në vend të timonit mban kokën e Izabelës në duar, një, dy, tre, katër, pesë, gjashtë, shtatë, tetë e nëntë, për aq kohë sa zgjat numërimi, sheh përmes syve të Izabelës t'i kalojnë sipër vite të lodhura, të humbura, të harruara, që fshijnë buzagaz djersën e tyre e thonë: "Mirëmëngjes Ksenokrat!". Madje, një kohë e vogël i tha njëherë, teksa shkiste nga sytë e Izabelës: "Ksenokratush, si të kam?", dhe i ra përzemërsisht mbi sup. Tamam kështu ndodh. Koha rikthehet përmes syve të saj. Kush e beson këtë? Askush? S'keni faj, përderisa s'keni jetuar ndonjëherë një fenomen të tillë eksperimental. Atëherë, le t'i kthehemi Ksenokratit.

Çfarë mendoni se bën me vitet e tij Ksenokrat Orfanoi, porsa i sheh të kthehen? I mban gjithë hare në duar e më pas i vendos kujdesshëm mbi trupin e Izabelës, duke parë i lumtur sesi rrëzëllejnë! Ka vendosur një vit brenda kërthizës së Izabelës, që ngjan me margaritar. Ka vënë tre vjet në supin e saj të djathtë e tre në të majtin, dhe kush sheh Izabelën teksa ecën, mund të mendojë: "Vajza është me siguri gjenerale me tre yje ose kapitene në fregatën Saint Louis.". Ka vënë disa vite brenda flokëve të saj të kuqe, vite që lozin brenda këtij pylli e hidhen nga dega në degë, ndezin shkrepëse yjore, ndaj dhe flokët e Izabelës ngjajnë me shkurre të përflakur manaferrash... Baras me njëzet vjet të humbur ka vënë mbi Izabelën, Ksenokrat Orfanoi. E kuptuat? Disa po, disa jo. Ju që thatë "po", mund të mendoni për përmasën e Kohës ose atë që kishte parasysh Marsel Prust për "Kohën e humbur". Qëndroni atje. Të tjerët, me mua. Jemi në momentin që motori arrin njëqind e tridhjetë kilometra në orë dhe Ksenokrati kthehet në shtëpi. Parakalon makinat duke hyrë si pykë dhe mos pandehni se do thyejë qafën a do e palosi ndonjë kamion, pasi, pavarësisht se Ksenokrati nuk beson në zot, ai mbrohet nga Shën Juan De la Cruz dhe Maria e gjithë shenjtorëve, dhe kështu kthehet në shtëpinë e vet shëndoshë e mirë. Lidh motorin në kangjella e ngjitet sipër. Hap derën e thotë: "Mirëmbrëma!".

Pasojnë shprehjet e së shoqes, të të vëllait, nuses së të vëllait e nipërve: "Mirë se erdhe!", "Si kalove në Larisa, vëlla?", "Xhajë, për sa orë e bëre rrugën me Kavasakin?", "Kishte trafik rrugës?". Dhe, siç Ksenokrati i lodhur i përgjigjet secilit, zbulon i tmerruar – sikurse çdo herë që kthehet – që është i pakokë! Dhe jo vetëm! Teksa e shoqja del nga kuzhina në verandë për t'i dhënë një lëng portokalli, kupton se nuk e njeh gruan. Cila është? Por, i nipi këmbëngul: "Po të pyes xhajë: sa është maksimumi që kap Kavasaki? Ku të fluturon mendja?". I vjen të bërtasë: "Ju kam dhjerë të gjithëve!", tek dëgjon të vëllain: "Lëre xhajën të marrë frymë! Akoma s'ka ardhur mirë!". Sheh veten mbi kolltukun e bardhë, të thotë: "Akoma s'kam ardhur e m'u vërsulët të gjithë.". Dhe, siç ngre gotën të pijë ujë, vështron përmes lëngut të portokallit t'i buzëqeshë një akull-kohë e t'i pëshpëritë tinëzisht: "Izabela më tha të vij para teje, të të freskoj e më pas të shkosh të flesh. Do vijë të të gjejë atje.".

*Shqipëroi Eleana Zhako*

# 12 POEZI

## VISAR ZHITI

### *Ika edhe unë...*

Ika dhe unë, por kjo s'është ikje,
është dëshirë e trishtë për harrim,
një si mbyllje libri, një si fikje
e qirinjve të shpirtit në një tjetër agim.

Ç't'i bëj kohës, kur të braktis jeta?
Përballen gjërat veç duke patur mall?
Ah, atdheu, më doli nga vetja,
m'u bë burg ëndrrash dhe varr i gjallë.

Në valixhe futa dhembjen time,
"Mbi peshë" – më thanë në aeroporte
dhe hoqa shpresa, përgjysmova kujtime
dhe ika, fantazmë e një tjetër bote.

Si hijen time lashë mbyllur një derë,
ca fjalë në ajër si testament.
Si kam duruar aq ligësi përherë
dhe me gazeta, me president?

Dhe ngjasojnë retë me ndërresat
në një tel nderur në ballkonin qiellor,
iPhon s'më duhet, s'më duhen adresa,
as hapat e mi, që i çoj me zor

në ngjarje të tjera. Autostradë e madhe,
ku drita makinash i dynden territ.
Semaforët e kuq u ngjajnë plagëve,
të ndalosh paksa në dhembjen e tjetrit.

Në downtown kullat hovin lart.
afrim me Hyjin gjithnjë e më shumë.
Duhen kambanat për një fat,
një ikonë duhet për të rënë në gjunjë,

që truallin e vetes pa mashtrime
ta ndjesh përmallshëm si një premtim.
Unë kam ikur, por kjo s'është ikje,
është dëshirë e trishtë për harrim.

*Chicago, Bloomindale, mars 2020*

## Ku është jeta

Ku është jeta,
se ndonjëherë më duket se gjendet
jashtë meje dhe bën dhe pa mua?
Po unë a mund të bëj pa jetën
           si për t'u hakmarrë?
Nëse jeta shkon gjetiu,
dhembjet dhe trishtimet
i lë brenda meje më të fuqishme.
Nëse jeta ikën larg,
dashuria mbetet tek unë
           si një dhuratë nga Zoti.
Nëse jeta më harron fare,
përpjekjet për jetën
shumëfishohen gjithandej.
Pa dhembjet dhe trishtimet
pa dashurinë dhe përpjekjet e mëdha
që m'i lë kur largohet, etj, etj,
Jeta është më e lehtë
           si era
pa rrënjë e pa kujtesë.
Po pse, moj Jetë, më ngarkon ndërkaq
me ato që dot nuk i mban njeriu? Edhe
mund të ndahemi këtu. Unë - i munduri
dhe ti - fitimtare mbi humbjet,
           por pa mua.
A ka kuptim dhe a është e mundur?

# Rënia

Po bien gjethet. Jo vetëm ato.
Sa pak ka mbetur për magjepsje.
Tymi cigares sajon një "oh",
që befas zhduket. Ke një shkrepëse,
të ndez një çast, një imazh të tejmë
me flatra engjëlli, bishtin shejtan.
Ftohet kafeja. Dot s'e gjejmë
ç'fantazma kanë pirë me këta filxhanë?
Po dhe ish-miqtë se ku kanë shkuar,
kujtimet dalin si nga çmendina.
Për një çast të përmalluar
dhe pasaportën do ta lija.
Era në prag shfryn ca si tepër,
me kujë (k)urbani e jele kali.
E si do jenë temperaturat nesër,
sa gradë nën zero do të bjerë morali?
Do ngrijnë në ajër sharje dhe qeshje, -
shandanë ngricash varur ngado.
Sa pak ka mbetur për magjepsje.
Dhe ranë gjethet. Jo vetëm ato.

*** 

E shtuna kishte mbetur vetëm në rrugë,

me hënën mbi gojë si maskë. S'e dimë
ç'e solli këtë pandemi, lakuriqët e natës
              apo mëkatet tona lakuriq?

Pjatat e palara si habira mbi tryezë. Unë
s'dua të lexoj nga shkaku i mbylljes,
por dua të mbyllem nga shkaku i leximit.

Kështu do të thosha dhe për të shkruarit...

Romane pleq i çojnë me urgjencë
              spitaleve të mesnatës.
Poezi të reja
s'kanë oksigjen të mjaftueshëm në gjak,
Mëngjesi s'është i sigurt. Një infermiereje
i ranë vaksinat nga duart, u përhapën
mbi dysheme sikur të ishte shkruar keq:
              Shekulli XXI.
...

Vazhdon prodhimi i maskave,
         por jo i buzëqeshjeve.

*Bloomingdale, 18 shkurt 2021*

\* \* \*

Nata është Det i Zi, i zi, i zi...
Dhe ky ar hënor që fërgëllon mbi dallgë
si kolona të një qyteti antik.
Po kjo re e dendur, e sapo ardhur nga qielli?
Ovidi të jetë ky? Në Kostancë jemi këtu?
Shtatorja e poetit të parë, të internuar
                në perandorinë e...
S'ka rëndësi në cilën, njëlloj është dhuna
dhe persekutimet njëlloj... Shtang nga dhembja.
Bronz bëhem dhe unë. Dua t'i pëshpëris
bashkëvuajtësit tim
                për një bashkëvuajtës tjetër,
Danten e përbotshëm. I dënuar dhe ai,
por pa pranga ndër duar
dhe s'i kishin ndaluar të shkruante.
Po si thotë ai Dantja ashtu?
Nessun maggior dolore che ricordarsi
del tempo felice nella miseria. (S'ka dhembje
më të madhe se sa të kujtosh kohën e lumtur
në mjerim) Ah, e ka gabim! Dhembja më e madhe
është të mos kesh qenë i lumtur kurrë
dhe mjerimi më i madh
                të mos dish ç'është lumturia...
Tragjedia mposhtet, po të kesh qenë i lumtur,
                qoftë dhe një herë...
Kur, në të shkuarën? Por koha është e pa kohë,
përsëdyt vetveten tani, pastaj, dikur,

gjithmonë, kurrë, asnjëherë, mjafton
                    ta dëshirosh
dhe ajo bëhet brenda teje. Është. As vjen
e as ikën. Përhapet jashtë teje si ngjarje
nëpër botë, frymë dhe ideal,
          pritje dhe frymëzim, poezi dhe yll
              që bie dhe djeg në dorën tënde,
dhe gishtat befas ndizen si qirinj,
e them prapë... Mezi pres udhëtimin e ri prej drite,
që nis duke vdekur në bashkim me Qiellin...

✳ ✳ ✳

Kisha shkruar dikur: ku e gjeni ju kohën
për t'u urryer, kur jeta nuk mjafton
                    për dashurinë?
Dhe dua të shtoj tani: a mjafton vdekja
për të qetësuar dhembjet e mëdha
e mallkimet që marrim në jetë?
Po vdekje s'ka, është jetë ndryshe. Dhe
unë kisha mërmëritur: Që loti yt të rrjedhë
në faqen time... Ndërsa dielli si një temjan
tundet për të larguar djallin,
që futet nëpër të plasurat
                    e ditës së njeriut...

## A.V.E.

Ah,
prej shiu dhe yjesh,
tinguj flauti hyjnor dhe mermer perëndish,
alfabet gjenezash të gëzimeve dhe dhembjeve,
ylber magjepsës
    që lidh brigje dhe ëndrra,
kështu është prania jote, por dhe mungesa
që prapë e mbush me praninë.
Ç'errësirë hutuese
     ka në sytë e çarë me hënë,
nga ku duket fillimi i parajsës!

Vallë
 a të thashë që në buzët e tua
është një si psherëtimë e artë
që krijon fllade me aromat e jetës.
Po tjetër? Që duart e tua, çudi,
      flasin kaq bukur
duke krijuar në ajër shkronjat e emrave tanë
dhe në zërin tënd shoh balet dëshirash.
Çlodhesh pranë meje,
 ja, ashtu si një sorkadhe qyteti
       me thundra ari.

Erdhe ti,
Mama e djalit më të bukur në botë, për ta sjellë,
që të na mbante prej dore të dyve. Kam thënë,
ne na rritin fëmijët tanë...
Që të luanim bashkë nëpër ëndrra
e ai t'i vazhdonte edhe pas zgjimeve
      të çdo mëngjesi.

\* \* \*

Di që ka qenë një jetë dikur,
si e imja më duket.
Ashtu si mjegulla që mbulon një rrugë
e mbuloi dhembja pa fund.
S'dinte nga të shkonte, si dhe ku?
Mbylli sytë homerikë për të parë më mirë.
Dhe zbuloi Trojën e vetvetes,
më të pamposhtur kur s'ishte më...

\* \* \*

Si mund ta gdhendësh dritën?
Me ç'daltë apo me thonjtë e shpirtit
                si një i burgosur?
Dua ta gdhend dritën,
dhe pas vdekjes,
por ajo më rrjedh ndër duar si uji,
si koha, si dëshirat e pendimet,
                si gjaku...
Mos u mundo, është e kotë,
lëre dritën të të gdhendë ty
duke i lënë gjërat e tepërta në terr,
zëre se t'i ka hequr.
Mbetsh ai që do e që duhesh! Amen!

*Romë, 26.06.2016*

## Meshë në Uashington

Po shkonim në meshën e së dielës
në kishën pranë shtëpisë tonë në Uashington.
Ecja ngadalë që të mos lëndoja
                flatrat engjëllore të ajrit,
bashkë me Edën time, që asgjë nuk lëndonte,
aq e mirë, ikonë dhembjeje,
        me diellin e së dielës si brerore.

U ulëm andej nga fundi i kishës,
        ku rrinte dhe Presidenti Kenedi.
Këtu ai vinte para vrasjes,
por unë po vij pas vrasjes time. O Zot,
ma dëgjon lutjen, nuk kam fjalë,
                veç lot.
Kori më mahnit,
kur futet dhe zëri i Edës si një rreze e re,
kraharori im befas shndërrohet në organo.
Temjani i tremb vrasësit për pak kohë,
        kryqi vetëtin në gjysmë terr.
Monedhat që ka mbledhur
            një i vobektë te shkallët
nuk ngjajnë me plagët e ftohta
të Presidentit të vrarë, lulet po, sytë e luleve...

Mesha mbaroi, por unë e vazhdoj me pemët
        dhe dyert dhe zogjtë
            rrugëve të Uashingtonit,
teksa eci në krah të Edës time
        me diellin e së dielës si brerore.

S'e kam më veten, është tretur
      nën flatrën prej ajri të engjëllit tonë,
kam mbetur thjesht një psherëtimë
        ashtu siç është dhe e gjithë jeta.

## Papa Françesku ecën nëpër shi

Papa Françesku ecën vetëm nëpër shi,
nën elegjitë    e dëshpëruara të qiellit.
Hapat rrahin mbi gurët e sheshit para Bazilikës
si rrahjet e zemrës së tokës,
                që është e sëmurë...

Papa Françesku ecën vetëm nëpër shi,
i bardhë, i bardhë si bekimet e tij, si duart e tij,
                kur mbajnë një pëllumb.
Ecën, ecën
dhe përballë vjen një kryq i madh,
njerëzimi i kryqëzuar në frikën e vet
sikur pas kësaj pasditeje të jetë darka e fundit.
Statujat përreth të ngrira
                si dëshmi të përjetshme mermeri.

Ati ynë,
na duaj!
Një pikë shiu nga elegjitë
në qerpikun e papa Françeskut.

Është i bukur planeti ynë!
Të jetë dhe kaq delikat
        si një tollumbace blu datëlindjeje,
          i mbushur me frymën e jetës?

Papa Françesku ecën nëpër shi,
lulëkuqe dritash lënë hapat nga pas
si pllanga gjaku nga këmbët e Krishtit.

Po jeta është e gjitha dashuri
              në këtë planet blu,
edhe vdekjet janë jetë tjetër sipër nesh,
plot me shpirtra nëpër shiun që s'bie të yjeve.

Papa Françesku ecën i vetëm,
bosh sheshi para Bazilikës si kurrë më parë,
por është i gjithë njerëzimi
           me lutjen e Papa Françeskut
që dhe kambanat po i tund mes reve,
teksa ulërijnë sirenat
           e makinave të ndihmës së shpejtë.

Ndihmona, o Zot!
Të tutë janë dhe mjekët dhe shkencëtarët,
poetë dhe aktorët ashtu si priftërinjtë dhe murgeshat,
jepu kurajo dhe forcë, na jep shpresë
dhe na largo nga i keqi. Amen!

Ç'planet të bukur na ke dhuruar!
Mahnitëse si rri pezull në hapësirën pa fund,
prandaj dhe jetët tona janë ashtu pezull
           dhe frika e jetës është arti i jetës...

Ati i Shenjtë,
thuaji Hyut të na falë dhe kësaj here,
ndërsa mbrëmja bie në sheshin para Bazilikës
si ankthi i të mbyllurve shtëpive -
           kishëza të vogla nëpër botë.

Ai qiriri në anë të papa Françeskut
është agimi i nesërm. Dita do të jetë
           pa maskën në gojë
për t'u mbrojtur nga viruset që shpërndau djalli.
Buzëqeshja e njeriut do të jetë e lirë dhe e pastër,

tollumbacja blu e globit
do të jete siç ishte,
           e kapur me fijen e një rreze dielli
              në çdo datëlindje engjëlli...
Ja, Engjëlli im si përplas duart
           nga që më pa,

një puthje i dërgon mamit,
         që ngjan aq shumë me Marien.

E si të mos gëzohet jeta? Dashuria
       merr për dore frikën dhe si dy motra
shkojnë shtëpi më shtëpi e shpërndajnë besim
       si bukën që s'mbaron se e marrin
         nga torba e Krishtit që e ka hedhur supit
dhe ecën, ecën...

Prandaj dhe zemra e tokës rreh fort
nga hapat e papa Françeskut sonte nën shi.

    *Urbi et Orbi, 27. 03. 2020*

# *Qiellin dua!*

*si vazhdim i një poezie tjetër*

Qiellin dua, atë Qiell, o Bir,
që na ka dhënë shenjtërisht ëndrra,
Qiellin që kur ndjen se ke dëshirë,
pëllumb bëhet
        dhe fole - zëmra.

Qiellin dua... e si të mos ta duash,
pafundësisë i jep kuptim.
Tempull në ajër, thuaj ç'do të thuash,
si lutje,
      si këngë,
           si psherëtimë...

Qielli i mbledh porositë të gjitha
dhe s'dihet si vjen përgjigjja hyjnore.
Me fantazitë tona
      krijon hapësira,
me brengat - muzgje edhe hone.

Me shpresat tona sjell agimet,
sytë na i mbush me dritën e tyre.
Dua Qiellin, bir,
      që lë gëzimet
në duart e tua, gishtaartë si yje.

Kur ti ngrysesh,
      ai mbushet me re,
përtëritjen sjell nga lart me shiun.
Dua Qiellin që rri mbi ne,
çarçaf i Zotit që mbështjell Njeriun.

Ç'ylber na çon, me hovin e gjetjes,
frymën aq paqësisht në një vatër?
Edhe pa lindur, edhe pas vdekjes,
Qielli bëhet Marie,
         Eda ime e kaltër.

Ditët ngarkon me diell dhe jetë,
fërgëllimë bëhet për flatrat e tua.
Ngrije kokën hënore,
         ashtu si poet,
thirr, të dëgjohet
         ajo që po thua.

Ta duam Qiellin, është yti dhe imi,
çastet mbledh, të përhershmen krijon.
Shpirti i Shenjtë, Ati dhe Biri,
aty janë
         dhe përjetësia jonë.

# *Klouni i mesnatës*

## VISAR ZHITI

Rrugën nga njëri hark i famshëm i Parisit për tek tjetri edhe më i famshëm, ata e bënë më këmbë, të kapur krah për krah, e ndalnin herë pas here të dalldisur, vetëm sa për t'u puthur.

Grande Arche De La Defense, modern e i ftohtë, shkëlqente nga pas, ashtu i përhitur, me një lëmim të padurueshëm, që bëhej befas i bardhëllemtë, po, po, aq i lartë, sa mund të hynin dhe retë e ditës (bashkë me ngazëllimin fluturues të të dashuruarve), teksa përpara i priste Arche de Triomphe, që e ngriti Napoleoni. Kështu thoshin, por sigurisht, nuk kishte punuar ai vetë, por kishte urdhëruar, urdhri ka rëndësi, megjithëse s'besohet se mund të ketë urdhëruar, ai thjesht si perandor mund të ketë shfaqur dëshirën për të pasur një Hark Triumfi, ku të parakalonte me ushtrinë ose ka pranuar propozimin dhe ka firmosur projektin e arkitektëve. Pse, ç'duhet më shumë kur ke bërë emër dhe kohë perandorake? Por a ndienin gjë statujat dhe gdhendjet e tjera hijerënda të Arche de Triomphe, ku vetëm ai s'kaloi dot aty, perandori, e për herë të parë parakaluan armatat e Luftës së Parë Botërore? Eh, këto u takojnë enigmave të mermerit dhe historisë së pashkruar, ndërkaq dy të dashuruarit sapo mbërritën këtu. Zjarri emblematik, ai i përhershmi, që s'shuhej kurrë, sikur u gjallërua me ardhjen e tyre.

Ende u përshfaqeshin në ajër tabelëzat blu me mbishkrimin "AVENUE CHARLES DE GAULLE", që ata e lexonin turbull "Rruga e puthjeve". Vargani i zhurmshëm dhe i pafundmë i makinave dukej sikur sajonte një tjetër Senë, një lumë të tjetërllojtë, me dallgë metalike, harbuese e të rregullta, me shpendë përsipër, që s'dukeshin, por me klithma të gjithandejshme. Eh, ishin boritë, që dukej sikur kërkonin të tërhiqnin vëmendjen në çdo çast se ky ishte Parisi i madhështive, i luksit dhe i çudive, por që ata shtonin në bisedat e tyre ose thjesht dhe i mendonin: dhe Parisi i njerëzishëm, sidomos dhe atje ku gjeje absurdin e njeriut, me rrokaqiejt e pasqyrta pas dhe me ngrehinat e hershme përpara, me kopshtet e shatërvanët e mrekullueshëm, që, me të rënë mbrëmja - dhe kjo ndodh vetëm në Paris - sikur zbuteshin pranitë e gjithçkaje të rëndë, edhe inatet, duke shtuar misterin kudo, edhe te një petël a psherëtimë, derisa të ndiheshin njëkohësisht e zakonshmja dhe e jashtëzakonshmja, e vdekshmja dhe e përhershmja, vetvetja dhe mungesa e saj, kthesa e papritur në lagjet me emrat "Pigal" a "Sente Denis", me makiazhin pikëllues të fytyrave të prostitutave.

Kjo përzierje pamjesh e mbresash të ndiqte nga pas, përherë e tashmë, edhe kur ata dolën nga metroja në stacionin "Trokaderò". Përballë Ejfeli i fuqishëm, tekanjoz, gati i egër tani, pa shumë kuptim, e urrente kuptimin, si një shandan llahtarisht i madh, kryepingulthi. Shumë nga njerëzit e mbledhur aty bënin foto me gjirafën metalike Ejfel në sfond, të tjerë, ulur nëpër shkallë, bisedonin, përkëdheleshin, dergjeshin në krahët e njëri-tjetrit. Më tej ishin ata që luanin, rrëshqitnin me këpucë me rrota, hidheshin guximshëm mbi anët e larta këmbësore e talleshin me rrezikun.

Kurse ata të dy po vazhdonin puthjen më këmbë, të bërë njësh, të praruar nga ndriçimet blu, të kuqërremta, të blerta të mesnatës pariziane. Kur hapën sytë, panë përreth, pranë tyre, një turmë gazmore, që po shihte një kloun me pantallona të zeza e të gjera, me rripa të kryqëzuar, me këmishë të bardhë, doreza të bardha e me fytyrën krejt të bardhë si me maskë allçie, buzët të kuqe e sytë me një si habi të ngrirë. Pasi imitoi qytete të njohura të botës, duke dhënë shkëlqyer si imazh nga ndonjë cilësi të tyren, ngutjen e Nju-Jorkut, veç ikte, përgjumjen e Londrës, një llullë që shkundej, zhurmëtirën e Tokios, karatenë, pastaj kaloi në ankthin diktatorial të kryeqyteteve të Lindjes, ngrirje dhe përgjime, qyteti i Pizës, tha në fund dhe ndenji çuditërisht pjerrët dhe s'binte, si Torra atje. Ndërkohë bëri me dorë që të shihnin andej, ku dy të dashuruarit vazhdonin puthjen e tyre symbyllur.

Mes duartrokitjeve nisi të përzgjidhte nga turma personazhet për të realizuar pantomimën e mëpastajme: një burrë të ri, me flokë të rëna, që nuk kundërshtoi të luante si pararendësi, një tip tjetër të gjatë, sikur të ishte nipi i Kullës Ejfel, dhe iu afrua një vajze të bukur, qëndroi para saj e po e kundronte me sytë lutës.

- Shko, e dashur, - tha burri pranë saj, duke e shtyrë lehtë në sup, - lojë është kjo.

Dhe klouni në mes të sheshit po merrej me tri personazhet e veta, se ç'u ndreqte, i afronte, i largonte, u ndërronte vendet, ua ndërronte prapë, sikur kjo të kishte rëndësi vendimtare për të gjithë botën, revoltohej me qëndrimin e tyre, pse nuk shtrembëroheshin dot aq sa ai, teksa turma qeshte me zë. Më së fundi ia doli që vajzën ta lërë në mes, por më afër njërit, kurse tjetrit i mësonte t'i bënte shenja asaj. Vetë i bënte shkëlqyer, po shqyheshin gazit njerëzit dhe po grumbulloheshin gjithnjë e më shumë.

Në cilindrin e lënë mbi pllaka, me grykën lart, po shtoheshin monedhat, ja, kërcisnin si dhëmbë metalikë.

Në pantomimë kishte plasur sherri i bukur mes dy djemve. Duhej të nxirrnin revolverët dhe klouni po u rregullonte duart si revolverë të krekosur. Mori plumbin e padukshëm nga njëra grykë arme dhe e valëzoi nëpër erë si insekt, e çoi në drejtim të gjinjve të vajzës, pastaj e ngriti plumbin menjëherë lart, mbi kryet e saj dhe, pasi sajoi një hark tjetër, as triumfi dhe as mbrojtjeje, por hark shpëtimtar, e përcolli plumbin mu në zemrën e nipit të Kullës Ejfel. Klouni e mësoi si të binte, s'e njerëzit s'dinë të rrëzohen, pale të vdesin.

Pantomima po i tërhiqte të gjithë dhe askujt nuk po i bënin përshtypje pikat e para të shiut. Vajza duhej të merrte revolverin e të vrarit dhe duhej të vriste vrasësin. Klouni mësoi sërish se si duhej të shtrihej tullaci i ri duke shkulur flokët imagjinarë. Midis të qeshurave dhe duartrokitjeve e dy kufomave që shtireshin si të tilla, se edhe të vdekurit shtiren si të vdekur dhe të gjallët si të gjallë, klouni i bardhë, pa asnjë shprehje në fytyrë, vetëm allçi frakturash, kocka detajesh artistike, me një delikatesë të tepruar, i fut krahun vajzës dhe anon kokën te supi i saj. Kujtohet të zgjojë dy kufomat, i urdhëron të ngrihen, me dënimin që të futen në jetë, dhe pastaj u kërkon spektatorëve të duartrokasin. Ndërkaq vetë bën sikur largohet me një ecje të çarliçaplintë. Jo vetëm, por me vajzën krah për krah. Pikat e mëdha të shiut nisën të dendësoheshin. Ata të dy po iknin pa kthyer kokët, larg e më larg, vërtet. Shiu po shtohej, i ngrohtë dhe i beftë si buzëqeshje klouni, dhe sheshi sikur u mbush me hije zambakësh të rënë, me pasmesnatën, teksa boshatisej nga njerëzit, që po kërkonin një strehë anash mureve, në hyrje lokalesh, veturave, në autobus, metro, poshtë statujave, nën ndriçimin fantazmagorik.

Klouni me vajzën s'u kthyen më. Veç ecnin duke u qullur nëpër shi. Ajo po mundohej të gjente me sy anash nëse dukej imazhi i burrit të saj, i asgjëkundshëm si ai, po të paktën një thirrje në emër. Ndjeu braktisjen, të atij apo të sajën? Kjo është ikje përgjithmonë, në mesnatën e Parisit, si të shpuar me plumba kluonade, por me shi të vërtetë.

- Ashtu është, - mërmëriti vajza.
- Çfarë? - pyeti klouni ngjitur me të. Në zërin e tij s'kishte lojë më. Përkundrazi.
- Iku... - tha vajza.
- ...Kjo natë? - pyeti klouni.
- Dhe ne.
- Ti je e bukur, edhe Parisi. Dy bukuri ndihmojnë njëra-tjetrën, - po llomotiste klouni.
- Do të rri me ty, - e ndërpreu vajza.
- Parisi jam unë sonte, - pshërëtiu klouni.

Bojërat e fytyrës, llojet e kremrave po laturiseshin nga shiu. Rrëketë e ngjyrave të tij sikur po rridhnin mbi të gjitha pamjet, po aq pikëllueshëm sa edhe gëzueshëm, më bukur se kurrë. Magjishëm. Por në mes të shiut, atje te sheshi, kishte mbetur vetëm ai çifti që vazhdonte të puthej, si gjithmonë symbyllur dhe më këmbë. Ejfeli i puthjes, se kush thirri.

Eh, jemi në vendin ku është shpikur puthja, u dëgjuan zëra.

## Cikël poetik

### GEORGE NINA ELIAN
*(Costel Drejoi)*

*Ka lindur më 13 nëntor 1964, në Slatina. Është poet, përkthyes, gazetar. Është autori i vëllimeve: "Drita si vetmi", poezi, 2013; "Vjeshta, kur vjen fundi i botës", poezi, 2014; "Jo përmes jetës, por përmes vdekjes kam kaluar", pesë dëshmitë nga burgjet komuniste, 2016; "Drita si vetmi", poezi; "Bora u kthye në qiell", poezi, 2016; "Drita si vetmi", poezi; "Lumturia në afërsi të vdekjes", poezi, 2018.*

### *Të ftohtë dhe të pastër*

në buzë të realitetit
gjithmonë bie borë;
është përherë e bardhë,
përherë e ftohtë.
E ftohtë dhe e pastër
vetëm se
nuk mund të jetohet:
në buzë të realitetit
gjithçka
është e përsosur...

## Faqe ditari

drita
kalonte anasjelltas
përmes kohës

realiteti
pikonte
i ngadaltë
brenda retinës
së një njeriu buzë vdekjes

diku, njësoj me
një parandjenjë,
fytyra jote
duke joshur shirat
mbi fushën
e cila do të jem.

## Autoportret

Shikomë:
një fytyrë
pa mendime
dhe e bardhë
si amnezi.

## Kujtim

nata po binte mbi ne
e rëndë
si shpirti i një vetëvrasësi.

## Analogji

gjumi i tregonte ëndrrës për mua
unë isha vetëm një cipë prej një lloj lëngu
që rridhte përsëri në tokë
dhe nuk gjeja asgjë në udhë,
madje asnjë rrënjë të zbehtë të një peme apo bime
vetëm një sy tepër i vogël më përthithte
ashtu si lutja e fundit
e përthith njeriun në agoni.

## Duke dëgjuar erën

askush nuk i përgjigjet më asnjë pyetjeje
që tani e tutje
qielli nën të cilin ishe mësuar të presësh
vetëm do rrisë heshtjen para fundit
që tani e tutje
do të rrëshqasësh në të bardhë
pa asnjë gjest
duke dëgjuar erën
ose çfarë të ka mbetur nga fjalët e tua


## Diçka

diçka që as nuk duhet të paktën ta kuptosh:
gjaku rrjedh
gjithmonë diku tjetër - e pavendosur
vija e demarkacionit
midis britmave
dhe hijes
(kështu vjen vdekja: si një model
që shtrohet
i ngrohtë dhe i butë,
mbi linjat e fytyrës tënde)
... dhe bota nis përsëri.

## Gjendje

i lumtur
si njeriu
që nuk ka asgjë për të humbur -
ti...
...dhe dita
si histori
e harresës...
e barabartë vetëm me vetveten
koha kalon
urën e asgjësë

## Çaj i gjelbër në mes të natës

aq shumë të dua sa
kur të përkëdhel
trupi yt kthehet në dy duar
që ledhatojnë duart e mia
si një trup i ndarë më dysh

## In illo tempore

trupat tanë, njëri pas tjetrit, marrin hua
modelin e duarve dhe buzëve tona
si rëra formën e orës me rërë
si uji formën e shtratit të lumit
si syri formën e qepallës
si goja formën e puthjes
si thembra formën e rrugës
nga jeta deri në vdekje
dhe mbrapa
atëherë
kur...

## Fotografi e përjetshme

ata duheshin
ishin të bardhë
të heshtur
të gjallë
si dëborërat
duke rënë ishin

## Pika-pika...

bora po binte gjithnjë e më pak:
pika-pika... pika-pika...
kishte kaq shumë njerëz sa
secili ngatërrohej me të tjerët
(vetëm vetmia u përkiste atyre me të vërtetë
dhe u kujtonte se janë)
kalonin përmes njëri-tjetrit me lehtësinë
me të cilën lan duart
krimi ishte i secilit


## Evening story

nëse do më pyesësh çfarë kam bërë sonte,
do të përgjigjem: po, e dashura ime, kam
bredhur nëpër qytet shkujdesur, si gati
dyzet vjet më parë, kur u largova
për herë të parë nga shtëpia dhe u
rrojta (edhe kjo për herë të parë) në një
dhomë në katin e dytë të hotelit
"Tranzit" (çfarë emri i paracaktuar!). Isha
gjashtëmbëdhjetë vjeç dhe isha njeriu më i pasur në
botë, sepse, përveç atyre gjashtëmbëdhjetë vjetëve, nuk
më kishte mbetur asgjë: vetëm pavdekësia.

*Shqipëroi Oana Glasu*

## *Fati nga një portë tjetër*

DURIM TAÇI

Të duket si një statujë që pritet të zbulohet ditën e përurimit, me atë fustanin blu të errët, që i mbërrin tek thembrat.

I le pas të gjitha brengat që para nisjes për Itali. Metamorfoza jote kishte filluar pas kuintave, mbrëmjen e nisjes, teksa ndërroje rrobat, hiqje kostumin e vishje një komplet xhins. A thua se jeta jote deri atë çast kishte qenë loja e një roli në skenë, ndërsa vazhdonin ende duartrokitjet e të pranishmëve në promovimin e librit tënd të fundit, shumë prej të cilëve e dinin që po largoheshe. Derisa, ky shndërrimi yt u krye plotësisht ditën e parë të punës në një zyrë tjetër, përtej detit, në fillimin e mijëvjeçarit të ri.

Shefi i ri ta priti shkurt, të tha se e dinte që merreshe me libra, por tani e tutje do të duhej t'i harroje, madje edhe vetë germat në tastierë, pasi do ishe i detyruar të shikoje në të vetëm shifrat. Zyra ku do punoje ishte pjesë e një studioje tregtare.

Muajt e parë e shikoje mjedisin përreth sikur po vrojtoje një eklips të pjesshëm të diellit. Jetoje në gjysmerrësirë nga jashtë e nga brenda. Mbrëmjeve merrje telekomandën e ndiqje gjithë kureshtje programet në italisht, të ndërprera, për fat të keq, nga lajme flash, rrufe në qiell të kthjellët, bëma të bashkatdhetarëve të tu, që vidhnin, dhunonin e linin pas një mjegull dyshimesh e paragjykimesh mbi të gjithë ju të tjerët. Shembulli i fundit ishte historia e Erikës dhe Omarit, atë fund shkurti. Dy adoleshentë të dashuruar vrasin prindërit dhe akuzojnë për këtë shqiptarët.

Regjistrimi në këtë kurs të shkruari bëhet për ty marrja e një qëndrimi, hapi i parë për t'u bërë sërish i dukshëm.

Nuk ke shkëmbyer fjalë më tepër se nga një përshëndetje me shokët e kursit, por edhe ata nuk të kanë ofruar më shumë. Sidoqoftë, ti kërkon t'i shmangësh me çdo kusht. Të persekuton italishtja prej të huaji, nuk do të japësh shpjegime, i bindur se nuk kanë për të kuptuar. Është e habitshme, por mjedisi i krijuar të bën ta ndjesh veten në faj thjesht se je shqiptar.

Megjithatë, gjatë mësimit do flasësh, por për fat e kupton se këto ndërhyrje më shumë vënë në pah formimin tënd, jo pasaktësitë e ngjyresat gjuhësore.

Këtë të shtunë keni analizuar një tregim të Borgesit, "Kopshti i shtigjeve që ndahen".

Gruaja e veshur në blu të errët quhet Kiara dhe është nga Bolonja. Ti nuk di më shumë dhe nuk do të dish, në fakt. U rri larg njerëzve, se kështu të kanë thënë, sidomos fëmijëve në park. Nuk duhet t'i përkëdhelësh, siç ndodh në Shqipëri, pasi rrezikon të kallëzohesh nga prindërit deri për pedofili! Edhe vetë nipërit e tu të vegjël, dy fëmijët e motrës, të rrinin larg, pavarësisht se ata e kanë një motiv të qartë: sapo janë braktisur nga babai i tyre dhe ty të shohin si zëvendësuesin e padëshirueshëm.

Dhe, sigurisht, duhet të jesh i vëmendshëm me gratë në përgjithësi, por veçanërisht në punë. Asnjë shaka të tepërt me to!

Ndërkaq, Kiara të afrohet fill pas leksionit dhe të thotë:

"Mi può dare uno strappo!"

Me italishten tënde e përkthen këtë frazë fjalë për fjalë: "A më jepni një të shqyer!".

Sigurisht, këtu diçka nuk shkon. Nuk përgjigjesh, por vazhdon të zbresësh shkallët me të, derisa sheh që bën për nga makina jote. Jashtë bie një shi i imët e ajo të kërkon ta marrësh në makinë deri te stacioni qendror i trenave në Milano.

Ulesh në timon dhe shpalos hartën e qytetit. Nget një "Fiat Uno" e nuk bëhet fjalë për navigator, ndërsa smartfonët e "google maps" nuk ekzistojnë ende. Mban në xhep një celular 'Sony", të madh sa një radio policësh. Edhe Kiara ka një "Motorola" të lezetshëm, por vetëm kaq. Shkurt, rrugën deri te stacioni i trenit do ju duhet ta gjeni vetë.

Është hera e parë që e shikon të veshur kështu, në mënyrë kaq formale, elegante. Është nisur për diku, në ndonjë ceremoni a festë. Zakonisht mban pantallona xhins, një këmishë fanellatë me kuadrate dhe mbath çizme; kështu të duket si një amerikane në fermën e saj të kuajve.

Të vjen fill në ndihmë, të nxjerr nga situata e turbullt, duke përmendur tregimin e Borgesit.

"I jashtëzakonshëm! Si thoni? Dhe fabula është krejt e thjeshtë! Një spiun shkon të vrasë një person, thjesht pse quhet Albert, që është në fakt edhe emri i vendit që do bëhej objektiv ushtarak për t'u bombarduar. Vrasja tërheq vëmendjen e shtypit, avionët nisen për misionin e tyre. Spiuni arrestohet pak pasi ka kryer krimin, por misioni është përmbushur!".

Ti pohon me kokë, pasi historinë e njeh në detaje, por je i përqendruar te një lajm, që sapo e dëgjon nga radioja e makinës: "Përdhunim në metronë e Milanos! Që nga mëngjesi i sotëm, policia është vënë në ndjekje të një emigranti, dyshohet një shqiptar në të tridhjetat!". E ul volumin e zërit. I hedh një vështrim të shpejtë Kiarës. Mbase nuk e ka dëgjuar, shpreson ti. Ose ajo e njeh tanimë këtë histori. Sidoqoftë, vazhdon të flasë për tregimin e Borgesit.

"Autor i madh! E habitshme! E shkruara dhe labirinti janë për të e njëjta gjë, e njëjta vepër!", vijon Kiara.

Ndërkaq ti ndalon. Kontrollon hartën në një pikë ku 'shtegu ndahet', siç do ta thoshte Borgesi. Rrugët e Milanos nuk janë larg një labirinti.

"Më falni! Kam gabuar!", thua. "Duhet të kthehemi, të marrim djathtas.".

"Oh, mos e vritni mendjen! Kam ende kohë për trenin. Stacioni është vërtet afër. Vetëm se bie shi!".

Ti veç tund kokën, sërish.

"Më erdhi në mendje një frazë e fortë nga tregimi", rifillon ajo. "'Ua lë të ardhmeve të ndryshme kopshtin tim të shtigjeve që ndahen', pra labirintin, që autori nuk do ta quajë me emër. Një labirint në kohë, jo në hapësirë, përshkruar në romanin që Borgesi ndërkall brenda tregimit si intertekst...".

"Hipertekst!", e ndërpret ti dhe ajo e kupton se je nervoz.

"...Ok, hipertekst, keni të drejtë", ndalet një çast dhe vijon: "Autori nuk e zgjedh rrugën që do marrë personazhi. Fantastike! Se ai merr në konsideratë njëkohësisht të gjitha zgjidhjet dhe, në këtë mënyrë, krijon të ardhme të ndryshme, kohë të ndryshme!".

"E paska dëgjuar lajmin e përdhunimit, atëherë!", mendon ti dhe e nuhat për herë të parë qartë se je në rrezik, ndërsa Kiara vazhdon në të sajën:

"...një i huaj i troket në derë e ai vendos ta vrasë. Identike! Autori rimerr historinë e vjetër për të treguar tensionin e asaj që ndodh tani!".

Kiara t'i ngul sytë mirë për të parë efektin e fjalëve dhe vijon:

"Spiuni mbërrin në shtëpinë e Albertit me të dyja mundësitë në xhep, si mik dhe si armik i tij!".

Po njësohesh ngadalë me ngjarjen e rrëfyer. Kiara të ndjek dhe duket se e kupton që ke filluar ta ndjesh veten Alberti, viktima, kurse ajo vetë i binte të jetë personi që do të vrasë ty. Po përse? Sigurisht, arsyetimi yt është qesharak, qartazi produkt i frikës dhe i trazimit.

Nga radio njoftojnë kryqëzimin ku është kryer përdhunimi. Andej nga do të kaloni ju, patjetër.

"E habitshme që Borgesi nuk e përdor as fjalën kohë, kur tregimi është i gjithi një konstrukt rreth kohës!".

"Oh! Një bllokim tjetër! Qenka policia!", thua ti, teksa shikon njerëz me uniforma.

"Jo. Janë vullnetarë që rregullojnë trafikun!", ndërhyn Kiara.

Ti merr drejtimin andej nga të thonë dhe e ke kuptuar nga kjo vonesë që Kiara do ta humbasë atë tren. Nervozohesh më shumë. Të hipën në kokë ta sfidosh, duke e vazhduar ti rrëfimin mbi Borgesin.

"Vjen momenti kur Yu Tsun, spiuni, shikon në kopsht kapitenin Maden, ndjekësin e tij, prandaj i qëllon shpejt Albertit, duke e vrarë. Madeni e arreston, por falë botimit të lajmit të vrasjes së Albertit nëpër gazeta... Ky ishte plani: të vritej një person kushdo me emrin Albert".

"Njësoj si të arrestohej sot një person kushdo si përdhunues, mjafton të jetë shqiptar!", mendon ti dhe të hyjnë dridhmat. Ke hyrë në një fazë të re njësimi me tregimin e Borgesit. Kiara gjen në ty Alberton e saj. Dakord. Po përdhunuesi shqiptar i këtij mëngjesi, ç'hyn në këtë mes?

Ja që nuk e fik dot radion, se kështu do t'i tërheqësh asaj vëmendjen. Është e vërtetë që "Radio 3" transmeton kulturë, por edhe ajo i ndërpret programet kur bëhet fjalë për lajme të forta të kronikës.

"... ngrihen hipoteza për rrugët nga mund të largohet agresori!", vijon radio me përditësimet e saj në lidhje me ndjekjen e përdhunuesit shqiptar.

Kiara e dëgjon mirë lajmin këtë radhë. Duket se është gati të bëjë një pyetje, kur i bie celulari.

"Oh, çao gjeneral! Si kështu? Do nisesh?".

Ti vazhdon të ngasësh makinën, duke përfytyruar bashkëbiseduesin e Kiarës. Nuk ka më vend për asnjë lloj shakaje. Gjeneral! Rrethi po mbyllet. Po del mendsh! Je futur vërtet në bela, ç'tu desh që pranove. Nuk e njoh Milanon t'i thoshe. Dhe pikë.

Kiara e ka humbur gjallërinë e fillimit të telefonatës, na paska qenë ironi, tani e shikon të menduar. Sidoqoftë, përqendrohesh në timon. Duhet të jesh shumë afër stacionit. Nuk duhet të gabosh më.

"Mbase edhe kjo ka hallet e veta", thua.

Pastaj arsyeton: Borgesi na flet për libra të shpikur, i përdor si një vel midis lexuesit dhe tekstit. Hiperlibra, të cilat ai nuk ka nevojë as t'i shkruajë. Dhe libri që ka në dorë viktima, Alberti, është një nga këta libra. Për herë të parë dyshon mbi historinë e përdhunuesit. Të duket si një hiperhistori e tjerrë enkas për ty.

Kthehesh nga Kiara dhe vijon mendimin tënd me zë:

"Romani, brenda tregimit të Borgesit, është një hiper-roman, jo vetë tregimi, ai ndjek një linjë të qartë shkak-pasojë!", i rikujton diçka që ajo e tha gabim më parë. Duket si e kapur në befasi.

"Kemi në dorë një tregim normal, ku argumenti është një hiper-roman. I vetmi ndërlikim i tregimit mua më duket mundësia për të udhëtuar njëkohshëm brenda të gjitha të ardhmeve të mundshme".

Kishe folur shumë, ishe ekspozuar mirë këtë radhë.

"Jam kureshtare ta di", ndërhyn Kiara. "Ju nuk jeni italian, apo jo? Më lejoni ta gjej vetë. Jeni polak, e shumta çek, rumun, po them!".

"Jo! Jam shqiptar!", i thua prerë, duke vënë re se për Kiarën një polak, çek dhe rumun, nëse bëjnë një krim, mund të konsiderohen fare lehtë shqiptarë, mjafton të mos flitet për kulturë.

Tani bëhesh gati të dëgjosh ulërimat e saj. Sheh veten që frenon në vend. Njerëz që afrohen. Atë që të tregon me gisht si përdhunuesin. Ti braktis makinën e ia jep vrapit. Lajmi jepet në radio. Nëse të kapin, do thuhet: "Arrestohet përdhunuesi, teksa tentonte të linte Milanon!". E kështu vërtetohet një lajm, mbase i fabrikuar, mbi një përdhunim në metro nga një i huaj?

Ajo nuk luan vendit. Të shikon drejt e në sy. Ndërkaq ti i ngre zërin radios. Ka muzikë klasike. Ndërron kanalet e do të gjesh stacione ku flitet për përdhunuesin, me shpresën se e kanë kapur. Se Kiara duhet ta marrë vesh para se të zbresë kush është përdhunuesi! Por lajmi është zhdukur si me magji. A thua se kjo histori nuk ka ekzistuar.

Jeni pikërisht përpara stacionit. Kiara zbret pa kurrfarë nxitimi. I hedh një vështrim orës së madhe lart dhe thotë:

"Tanimë e humba trenin tim. Po pres tjetrin!".

E shikon tek largohet me atë veshjen elegante dhe përpiqesh të hamendësosh. Nga telefonata e saj me 'gjeneralin' kishe kapur fjalën 'martesë'. Bashkë me trenin, a thua të ketë humbur edhe diçka tjetër?

"Mua më duhet t'ia mbath, njëherë!", i thua, duke ia shtuar dyshimet dhe kujtohesh t'i futesh fatit tënd nga një portë tjetër.

# Cikël poetik

## FLURANS ILIA

### Anija prej letre

Zëri yt pret përgjatë dimërimit
Mbledh brigjet e brinjëve
Pranverën e anijes prej letre
Bulbëzon ylli i mëngjesit lundrimit
Një albatros a tejqyrë prej kthetre?
Kërkon të rimarrë anijen e ritmit
Sythin e parë, hartën, stolisur
Me degë bajamesh e lule përbri
Rrugëtim i venave në oqean
Ku shtrirë je mbi një pentagram
Savanë e fjalëve ku qiellza reket
Flokënajë foljesh bora e parë
Zëri yt ëndërron brigjet
Anijen prej Letre
Në qiellzë të ritmit zbatica rreshket
Albatros ëndrra a tejqyrë prej kthetre?
Në qindra fjalë qysh nga bora e parë
Në buzët e tua sythet çelen
Ëndërrtarë, ëndërrtarë, ëndërrtarë!
Mëshojini rremave se tirania e gjuhës
Urdhëron tendosje
Spiranca e ligjërimit po ngrihet
Lëvizja është zgjedhim në zhvendosje.

## Lëvozhga e fjalës pas një banketi shik

Pasi shishet e shtrenjta të verërave u pinë
U pinë të shtrenjtat shishe të verërave pasi
U grisën fjalitë e stërzgjatura
Kapota e vjetër zhele u bë ndërkaq
U mblodhën gotat e boshatisura
Gotat këmbëholla si balerina
Balerinat si gota këmbëholla
U vendosën për t'u shpëlarë në lavapjatë.
Fjalët si Hëna mbi të ftohtin Poseidon
Çarçaf mbi krater shikimesh opake
Fatëzuar në faqet e Perandorisë Romake
Mangall vetullbronxtë ku vezuvë të tredhur
Ndjekin Kadmosin sypërndjekur
Që i shkuli dhëmbët, shkronjat i mbolli
I bëri nëndetëse për peshq të vdekur
Sërish Guernika me sytë e përndjekur
Të një nate më parë
Shtreson hirin e portreteve tona
Materializuar mbi çdo fjalë
Copëza yjesh si fishek në armë
Mbi buzën e mbetur pa gjak.
Vazhdojnë të jehojnë si krisma fjalët
Artileri bisedat nga fronti i pendimit
Si gurë kështjellash të rrënuara
Mëngjesi i ditës tjetër përmes zgjimit.
Fjalitë tona grisen, bën sërish ftohtë
Rozafa shërben kafe të kredhur në dhimbje
Ndër sytë e saj të ngrohtë
Vështron gishtat e mi qerosë
Si murgj budistë paqësorë e barkfryrë
Sinorin e porcelanit prekin butësisht
Cicën e bardhë të gojëdhënës
Mollëza si rrathë në trung të legjendës
Kur shtypet me gurë lëvozhga e fjalës

Kullon drejt kujtesës një lëng i zi
Derdhur e mbathur në porcelan të bardhë
Mëma e dheut çdo mëngjes si murim
(shfaqet vetëm me njërin gjoks përjashta)
Si qumështi që zbardh e zbut kafenë
Tridhjetë vjetët e ikura prej vendit tim.

# I huaji

Më dukesh si tjetër njeri
një i huaj brenda vetes
shtjellë pëlhurë familjare
mbështjellë përmes fjalëve
kthimin në shtëpi
përpiqem të vij atje
përpiqem të iki nga ti
parabola e pëlhurës
shndërrohet në odise
personazhi përpiqet
të dalë nga trilli
për t'u bërë, çfarë?
Beze?
Çarçaf?
Velë?
Apo vetëm pak puhizë e mbarë?
Përpiqem të vij atje
përpiqem të iki nga ti
dyzimi bëhet thikë
çmërs në formën e arratisë
shtatori është përherë
një lloj kthimi drejt rehatisë
spirancë në shtrat
zahire dimri
sezon i ri shkollor
zekth që bie
bashkë me rënien e gjethes
dekoruar me medalje vjeshte
në luftë e sipër
ngujuar në trup të askundit.

Përpiqem të vij atje
përpiqem të iki nga ti
për ne të ikurit (si unë edhe ti)
çerekshekulli nga atdheu
nuk është pak ndjesia
e brishta e lind brishtësinë.
Përpiqem të vij atje
përpiqem të iki nga ti
e brishtë, kjo lidhje shpjegon
veç çerekun e dheut amë
pjesa tjetër është nën ujë
si fjalët e tua kur më thua:
"Shqipëria për ne është si
një drogë që na mungon".

## Dita e Blumit

Në kohë të ndryshme
nuk jemi i njëjti lexues
i të njëjtës orë
këtu e njëzet e katër metafora më parë
si do të ishin jetët tona pa praninë
e zogut të ëmbël të paradoksit?
Aty janë të lidhura të gjitha foljet
për ata që duan folinë
folenë. Ky vend arktik
prania e njeriut përngjan si çudi
midis bishave dhe brigjeve
çast dilemë
vramendje violinçel
borë e pashkelur
fletë e bardhë
të gjithë jemi qiraxhinj mbi këtë tokë
me një kile "të ardhme"
në trastën e ushqimeve
zverku i njeriut dhe putra e zgjimit
gështenja midis bishës dhe shikimit
romeopatisë dhe tragjedisë
lind papritur një histori
nga ato me detektivë dhe arrati
me shërrrr dhe kafshime
me puthje të avullta, afshime
me ndukje, me penetrime
me "Të urrej dhe të dua"
I hate you and I love you
era e veriut me njerëz të mërkurash
kur mërkuri bie

dita më e vetmuar e të gjitha ditëve
e mërkura si ishull, as andej as këndej
as fillim as fund, as e hënë as e premte
as ngrohtë, as ftohtë
temperaturë zero e njeriut.
Për një të vetme ditë si kjo, Gjithkush
Duhet të mbartë brenda vetes
Pak Irlandë.

## Mani i Files

Ka ca dregëza të ëmbla ku
vjen dhe të mbështjell një man
në kapërcyell
derdhet brenda teje
si gurët e sokakëve
portat me panxha hekuri
mal myshku malli
në zbathtësinë e këmbëve
mbi trungun e një mani.
Fëmija
frutat i këput me gishta
bistakun e sythit poetik
përmasa me të cilën mat veten
për be, asnjë objekt tjetër
as qenia me stigma dhe sfinks.
Hapësirën prej teje
kjo degë
vazhdon përditë të shohë
pemën e Files
me rrënjë ngujuar tokës
fruta drejt qiellit kërkojnë
diell kujtimesh të mbarsura
me kokrrat e manave.
Njeriu mes frutit
shtresuar në ngjyrat
e luledjellit dhe veshit të prerë
të Van Gogut
nën optikën e fjalëve
"Kujdes se bie nga mani!"
Gjeratore dega e sipërme
qeni që leh nën trung
kufiri si teh thike.
Atje lart!
Krishti midis Kryqëzimit dhe Ringjalljes

Atje poshtë!
Odisea zbret në Had
Përmidis!
Eros dhe Thanatos
Sa libra kemi lexuar nën manin e Files?
Veç Dante i kish' provuar ato fruta me ne.
Qentë ishin bërë Cerbër ndër shkronja
dhe ai kishte gishta tejet të brishtë
(si unë dhe ti)
ballë portave të Ferrit.

## In Vino Veritas

"In vino veritas!" – pra, miqtë e mi
në këtë cep të botës ku dielli është luks
çasti bëhet shekull mirësie
djeg dimër duke djegur prozë
një notë muzikore thjeshtësie
duke besuar te fjala, miqësia, oxhaku
koha jonë me gjallesa, mure, fortesa,
kështjella dhe bluxhinset e dikurshme
që i vishnim pa brekë
si të shkuarën e një
"Si ta kuptonim zanafillën?"
Kur ende nuk e njihnim Zarathustrën.
Sot të mbathur me
gjashtëqindegjashtëdhjetegjashtë
penevereke rehatie
nuk na mungon asgjë
përveç peshës së lehtë
të të jetuarit
si pupël.

# Xhota

Hapësirë midis dy notave
Kjo luginë e heshtur ku rrjedh lumi
Më kujton Xhotën, shef-orkestre
Dirigjent virtuoz e njeri babaxhan
Kur një kordë dilte prej ngastre
I kthehej korit të zërave – "Hajvanë!
Mos më qini veshin".

Mos më qini veshin
Këtë ditë dhjetori pse m'u kujtua
Me sy kujtimesh, sërish Xhota?
Ftohet qiellza fellë zgafellës sime
"Flurans, mos i kthe shpinën lumit"
Nën pardesynë e zërave
Partiturë e borës dhe gjumit

Midis dy malesh zgjatohet ky lug
Jaka e strëngur e pardesysë
Puhizë pëshpërima e zërit të Xhotës
Rizgjon kadencën e pritshmërisë
Kohët muzikore dhe shkopin i tij të artë
"Zëri yt Flurans është bërë
për të mbërritur gjer këtu
asnjë oktavë më lart".

# *Poezi nga Li-Young Lee*

*Li-Young ka lindur më 1957-n në Xhakarta, Indonezi në një familje kineze. I ati ishte doktori personal i Mao Ce Dunit në Kinë. Më pas u vendosën në Indonezi, ku ndihmoi në ngritjen e Universitetit Gamaliel. Në vitin 1959, familja Lee u arratis për t'i shpëtuar urrejtjes antikineze dhe pas një rropame katërvjeçare përmes Hong Kongut, Makaut dhe Japonisë, mbërritën në Shtetet e Bashkuara në vitin 1964.*

*Lee ndoqi Universitetin e Pitsburgut, atë të Arizonës, si dhe Universitetin Shtetëror të Nju Jorkut në Brokport. Ka dhënë mësim në shumë universitete, përfshi dhe Universitetin e Ajouas.*

*Është autori i librit "Zhveshja", (2018); "Pas syve të mi", (2008); "Libri i netëve të mia", (2001), me të cilin ka fituar çmimin "William Carlos Williams" në vitin 2002; "Qyteti ku të dashuroj", (1990) dhe "Trëndafil", (1986), me të cilin ka fituar Çmimin e Poezisë Delmore Schwartz Memorial.*

*Për krijimtarinë e tij poetike, poeti Gerald Stern ka shkruar: "Ajo që e karakterizon poezinë e tij është një farë përulësie, një dëshirë për të lënë sublimen të hyjë në fushën e tij të përqendrimit dhe ta pushtojë, një përkushtim ndaj gjuhës dhe një besim i patundur në shenjtërinë e saj.".*

*Jeton në Çikago, me të shoqen dhe dy djemtë.*

## *Vetë-ndihmë për shokët refugjatë*

Nëse emri yt ndërmend një vend ku kambanat
mund të jenë përdorur për argëtim
për të shpallur ardhjet dhe daljet e stinëve
apo përvjetorët e zotave dhe djajve,

më mirë do të ishte të visheshe si civil
kur të mbërrish në Shtetet e Bashkuara,
dhe mundësisht të mos flasësh me zë shumë të lartë.

Në të ka rastisur të shohësh njerëz të armatosur
që rrahin e tërheqin zvarrë tët atë
mu jashtë derës së shtëpisë
pas një kamioni të braktisur

para se nëna të të tërheqë nga pragu
e të të mbulojë fytyrën me palat e fundit,
mundohu të mos e gjykosh shumë ashpër.

Mos e pyet çfarë i shkoi nëpër mend
kur ia shmangu vogëlushit
vështrimin nga historia
dhe ia drejtoi aty ku fillon gjithë dhimbja e njerëzimit.

Po të takosh dikë
në vendin që të birësoi,
dhe mendon se te fytyra e tij sheh
një qiell të hapur, njëfarë premtimi për fillim të ri,
kjo do të thotë se me gjasë jeni shumë larg.

✶ ✶ ✶

Ose, në mendon se po lexon tek tjetri, sikur një libër
ku faqja e parë dhe e fundit mungojnë,
historinë e vendlindjes tënde,
një vend i zhbirë dy herë,
një herë prej zjarri, një herë prej harrese,
kjo do të thotë se me gjasë jeni shumë afër.

Për çdo rast, mos lejo tjetërkënd të mbartë
barrën e nostalgjisë a të shpresës tënde.

Po qe se je një nga ata
që anën e majtë të fytyrës s'e kanë njësh
me të djathtën, mund të zbulosh

se pse vështrimi nga ana tjetër qe zakoni
që paraardhësit e tu përdorën për mbijetesë.
Mos u anko pse s'je i bukur.

Mësohu me shikimin ndërkohë që s'sheh.
Merru me kujtesën ndërkohë që harron.
Vdis për të jetuar ndërkohë që s'do të bësh përpara.

Ka shumë të ngjarë që të parët e tu të kenë zbukuruar
kambanat e tyre të çdo forme e mase
me kalendarë të stërholluar
dhe diagrame të sistemit vite-dritë,
por pa një hartë për pasardhësit e shkapërdarë.

\* \* \*

Vë bast se nuk e di ç'gjuhë
foli yt atë kur i briti nënës
nga pas kamionit: "Lëre djalin të shohë!".

Ndoshta nuk e flisnit këtë gjuhë në shtëpi.
Ndoshta ishte një gjuhë e ndaluar.
A ndoshta kishte shumë britma
ngashërime e zhurmë armësh në rrugë.

S'ka rëndësi. Rëndësi ka kjo:
Mbretëria e parajsës është e mirë.
Por parajsa në tokë është më e mirë.

Të mendosh është mirë.
Por të jetosh është më mirë.
I vetëm në karrigen e preferuar
me një libër që të shijon
është mirë. Por dashuriçkat
janë akoma më mirë.

## Përshtatu

Prite mbrëmjen.
Pastaj do të jesh vetëm.

Prit sa të zbrazet këndi i lojërave.
Pastaj bëju zë shokëve të fëmijërisë.

Atij që mbylli sytë
dhe u shtir si i padukshëm.
Atij që i tregoje çdo sekret.
Atij që shpikte krejt vendet e fshehta.

Dhe mos harro atë që dëgjonte në heshtje,
kur ti pyesje në mënyrë të vrazhdë:

Mos është universi pasqyrë e zbrazët? Një pemë në lulëzim?
Mos është universi gjumi i një gruaje?

Prit për blunë e mbrame të qiellit
(ngjyra e mallit tënd për atdheun).
Pastaj përgjigjen do ta marrësh vetë.

Prit për arin e parë të ajrit (ajo ngjyrë e Amen-it).
Pastaj do të përgjosh hapat e zbathur të erës.

Pastaj do të t'vijë ndërmend fillesa e rrëfenjës,
me fëmijën që humbet në pyll.

Kërkimet për të vazhdojnë bashkë me rritjen
e hijes së orës.
Fytyra pas fytyrës së orës
nuk është fytyra e të atit.

Duart pas duarve të orës
nuk janë duart e nënës së tij.

Krejt Koha zu fill kur së pari gjegje
emrat që të vunë nëna dhe babai.

Së shpejti, ata emra do të rendin me gjethet.
Pastaj, mund të bësh tregti vendesh me erën.

Do të të ndërmendet më vonë jeta jote
si një libër qirinjsh,
ku çdo faqe lexohet nga drita që djeg vetë.

## Hamaku

Kur vë kokën në prehër të nënës
mendoj se si dita i fsheh yjet,
njësoj sikur u fsheha vetë një herë, duke pritur
brenda këngës me vete të nënës sime. Dhe më kujtohet
se si më mori hopa në kurriz
nga shtëpia deri në kopsht,
një herë çdo mëngjes e njëherë çdo pasdite.

Nuk e di ç'po mendon nëna ime.

Kur im bir vë kokën në prehrin tim, pyes veten:
A janë pengesë puthjet e të atit që shqetësimet e tij
t'i përcillen të birit? Mendoj, I Dashur Zot, dhe kujtohem
që ka yje nga të cilët s'kemi marrë lajm e prapë
duhet të mbërrijnë gjithqysh. Amen,
mendoj, dhe ndjehem thuajse i shtendosur.

Nuk e di ç'po mendon fëmija im.

Mes dy të panjohurve, jetoj jetën time.
Mes shpresave të nënës, më e vjetër se unë
sepse është para meje, dhe mes dëshirave të tim biri, më i vjetër se unë,
duke jetuar pas meje. Si është?
Mos është një derë dhe nga ana tjetër një lamtumirë?
Një dritare dhe një përjetësi nga ana tjetër?
Po, si dhe një këngëz mes dy pushimeve të mrekullueshme.

## Baba i vogël

E varrosa tim atë
në qiell.
Qysh atëherë, zogjtë
e lajnë dhe e krehin çdo mëngjes
dhe ia ngrenë batanijen gjer në mjekër
çdo natë.

E varrosa tim atë nën tokë.
Qysh atëherë, shkallët e mia
ngjisin vetëm poshtë,
dhe krejt toka është shndërruar në shtëpi,
dhomat e të cilës janë orët, dyert që
rrinë hapur çdo mbrëmje, e presin
mik pas miku.
Nganjëherë, shoh pas tyre
tek tryezat që shtrohen për një festë dasme.

E varrosa tim atë në zemër.
Tash ai rritet në mua, biri im i çuditshëm,
rrënja ime e vogël, që s'do të pijë qumësht,
këmbë e vogël e zbehtë zhytur në padëgjimin e natës,
orë e vogël që kërcen sërish e tharë
në zjarr, hardhi e vogël, i afërm i verës
së ardhshme, bir i frutit të vetë birit të tij,
baba i vogël që e shpërblej me jetën time.

*Shqipëroi nga origjinali anglisht Elvana Zaimi*

## Cikël poetik

**BALIL GJINI**

### 1

Shihmë! Sapo dola nga hojet e errëta të gjumit,
veshur me kostumin verdhë e zi të një grerëze.
Jam mjalti dhe helmi, plaga dhe plumbi.
Vdekshin të gjitha bletët në prag të kosheres!

Vij ta mbys atë zog të kuq që përnatë,
vjen e çurit në kukomajat e pemës së frikës.
Pssst!... jam e pacipë. Të futem në shtrat.
Jam skëterrë me lule, humnerë pa përbindësh.

Ma kënda të vij hipur mbi bishtin e sfurkut,
duke shkelur ato dallgë me kallëza shkrimi.
Jam e paemërtueshmja, që çon tek kaosi i bukur,
dërrasave të kosheres t'u vëmë fitilin!

Marr trajta femrash e qeniesh të tjera,
ma ndjen erën e bishës dhe çmendesh prej epshit,
kuajt e fakteve që hingëllijnë lidhur te pema,
mos i kap prej frerësh dhe mos u thuaj të heshtin.

Jam kuçka fshehur pas avlëmëndit të drojës,
ylberi gjysmëbuzë mbi ujëvarën e përdalë.
I kam thyer fenerët në rrugën e përvojës,
ta marr mendjen dhe ta var në kremastar.
Shihmë! Sapo dola nga hojet e errëta të gjumit,
veshur me kostumin verdhë e zi të një grerëze.
Jam mjalti dhe helmi, plaga dhe plumbi.
Vdekshin të gjitha bletët në prag të kosheres!

*8-10 janar 2021*

## 2

Gjarpri i larmë në katin e tetë.
Kulloti, kulloti, të gjorat bletë!

Lugje ligjesh dhe magje magjish.
Mpiksu e bukur me gjakun e dhisë!

Mënde qengjin në gji të pasthirrmave.
Bëji gjilmitër fijet e shirave.

O britmë e arnuar me sqepa pëllumbash.
Fjalë e dyllosur me gjithfarë vulash.

Djep ishte o-ja dhe u-ja greminë.
Nga poret tona kur mbinë filizë.

Gjarpri i larmë në katin e tetë.
Kulloti, kulloti, të gjorat bletë!
  *2 shtator 2018*

## *3*

O ti, E mira me kaniskun e rrezikut mbi kokë,
a s' më thua: si ta dalloj vemjen nga flutura?
Mos peshkaqeni është drapër vërvitur ujit të ftohtë,
që u mbush gjatë kohës me mishra dhe luspa?
A thua jemi balta e skaduar që nga Adami ka mbetë,
apo virusi që Zotit i shpëtoi nga epruveta?
Koha gëlltit këlyshët e ditëve që ka pjellë vetë,
dhe me gjilmitër end në tezgjah veçse gënjeshtra.

Petalet e manushaqes më shkërmoqen në dorë,
dhe dihatin me ngut të bëhen hape farmacie.
Të dielat si tesha të palara fantazmash kundërmojnë,
ç'është festë, është njëherazi dhe flamur zie.
Fati shëtit akoma me qerren rrangallë mbi botë,
(të mirën dhe të keqen brenda të njëjtës zgavre i ka futur).
O ti, E mira me kaniskun e rrezikut mbi kokë,
a s'më thua: si ta dalloj vemjen nga një flutur?

*28 prill 2020*

# 4

O bisha të brishta
Ju foshnje me fushnje!...
Më rrini karshi
Si shtërpiu në shtëpi.

Rangu është rengu
Moj kuçka dhe kaçka...
(Oh ç'gjëma gjithë gjëmba
Më shpojnë përbrenda!)

Me akte dhe ahte
Me teka kate-kate
(Me farë kap epsh
Në fare pak pesh...)

Unë gërxho mes gërxhesh
Fantazmë me azmë.
Ju hije me hoje
Dhe dhelet sa ledhet...
    *6-8 dhjetor 2020*

Uloke qenë fjalët në kohën që të desha,
(rënkimet ecnin mbi paterica a majën e thonjve.)
Ylbereve prej tmerrit të shenjtë u dridhej mjekra,
dhe shkrumbrat e tyre binin mbi bishtrat e pallonjve.
Në kohën kur kafshërisht të kafshoja gjërat e hirshme
(dhe mishin e bardhë ta ndrysja si brumët në magje),
mështekna djersinte dhe donte të hingëllinte,
por s'arrinte dot të bëhej zebër afrikane...

*4 prill 2017*

## *6*

Ububu, o buf, ububu!...
Pështymën përroi, nëma në dru!
O buf i verbër me pendla të bardha,
ç'panë sytë që t'u bënë gërmadha?
Le të nisë vallja, magjia e bardhë,
shterpa shterpë nga shtëpia të dalë.

O buf i verbër me zërin gjithë arna,
gjej rrënjë salepi si foshnja të vrara.
Të bëjmë tym shqope me flakë stralli,
shqipja e zezë nga shqota të dali.
Të lindë ylberi dhe retë lehona,
T'i shohim tek bëjnë si vajza kokona.

Harrimi haram. Kokërdhokët e bardhë,
janë mitra, a motra perdesh ndër dramë?
Me vezë të zeza dhe pështymë dallëndysheje,
t'i ujdisim me radhë dyert e klithmave.
Vjen zëri që thotë: verbëri do të vejë,
gjer skeptrin e shëmtisë mola ta brejë!...

*8 shtator 2018*

*Dy tregime*

ARBËR AHMETAJ

## *Frutat e fjalës "të dua"*

Nëna u martua më 30 prill 1961. Ishte shtatëmbëdhjetë vjeç. Im atë dhjetë më shumë. Dhoma ku më ëndërruan, më vjen ndërmend edhe sot. Kishte një dritare, që jepte në kopsht. Pranverave lulëzonin kumbullat. Im atë kishte hyrë brenda për të parë nusen e tij. Nëna? O zot, sa e bukur! Në një foto që ka bërë një vit pas martese i ngjan Greta Garbos. Ati njihte familjen e saj. Jo atë.

Binte shi në kopsht!

Radio e muzikë s'kishte atëherë. Kishte një fener në dhomë. Bënte ngrohtë. Ajri dridhej. Edhe drita e fenerit. Edhe nëna. Im atë duhej t'i fshihte dridhjet e tij. Hoqi xhaketën, këmishën dhe zbuloi një gjoks mashkullor, të bukur. U kthye nga nëna ime. Ajo uli sytë. Ai zgjati dorën dhe i hoqi një shami me thekëza e rruaza nga flokët. Flokët e nënës me dredha, në ngjyrë të gështenjtë. Ngjyrë mjalti. Shiu në kopsht. Drita e fenerit. Ati u ngrit në këmbë. I kërkoi nënës të ngrihej edhe ajo. Nëna pak më e gjatë. Ati me shpatulla të gjëra. Ajo e imtë, e hollë, si lastar. Ndenjën ashtu përballë njëri-tjetrit. Ati ia preku dorën. E tërhoqi pak nga vetja. Shiu dridhte gjethet e reja dhe lulet në kopsht. Fenerit i dridhej gjuhëza e dritës. Hijet e tyre në qiellzanën e dhomës së vogël. Era e mirë e ftonjve të vjeshtës së shkuar. Këmisha e bardhë e nënës, e qëndisur mbi gjoks. Me rruaza të ngjyrshme, një lulishte e qelqtë. Poshtë saj gjinjtë, ku do pija qumësht jetëdhënës pas nëntë muajsh.

- Të dua! - i tha, im atë.

Nëna hapi gojën. E habitur. Kurrë s'e kishte dëgjuar atë fjalë. Nga goja e saj doli dritë, si prej një hëne të harruar mbi ujëra. I buronte nga shpirti. Një ndjesi e ngrohtë e përshkoi. Një dallgë e paprovuar më parë gjaku po e alarmonte trupin e saj të bardhë. Po të kishte më shumë dritë në atë dhomë, nëna do të dukej si e përflakur. Si një trëndafil i turpëruar prej hijeshisë së vet të pasqyruar në ujëra.

- Kush ta ka mësuar këtë fjalë? - pyeti.

Zëri i saj këndoi. Në kopsht, shiu po njomte lulet e kumbullës. Im atë nuk iu përgjigj menjëherë. Shihte gruan e re. U ndje burrë i zoti. Kishte shqiptuar fjalën e duhur. E kishte menduar prej kohësh. Me mijëra herë. S'kishte pyetur askënd se si do t'i duhej të fliste, si do të duhej të sillej me gruan natën e parë. Shumë krenar ai burrë shpatullgjerë për të pyetur të tjerët si flitet me gruan. E para herë që rrinte aq afër me një grua. Me një grua aq të bukur, as që e kishte imagjinuar. Babai kishte lexuar pak libra, jo nga ata që të mësojnë jetën. Nga ata që të mësojnë trimërinë. Vdekjen. Në ushtri kishte parë filma sovjetikë me gjermanë të vrarë. Me kooperativa. Ndërsa në atë dhomë ishte me gruan e tij. Një grua e re. Shumë e re.

Im atë u ul në qosh të shtratit. Tërhoqi gruan e re në prehër. Dora e saj ra natyrshëm mbi shpatullat e tij të gjera. Dukej aq e lehtë. Nënës i qenë ndalur të dridhurat. Drita e fenerit i zmadhonte hijet e tyre. I paraqiste si të përqafuar.

- Kam dëgjuar kushëririn kur ia thoshte një gruaje të huaj!

Vite më parë, babai kishte shkuar të kërkonte vajguri te disa fqinj. Vonë, një mbrëmje dimri. Fëmijë, me këmbë të lagura. Kur i qe afruar shtëpisë së tyre, kishte parë një burrë me një dru të gjatë gjithë degë, si shkallë. Burri e pat vendosur "gaxhelin" nga jashtë gardhit drejt e në murin e shtëpisë dykatëshe të tjetrit. Pastaj, si një keter, qe ngjitur drejt dritares së katit të dytë. Babai, me frymë të mekur e këmbë të lagura, qe paluar rrëzë gardhit. Në dritare kishte nxjerrë kryet një grua e bukur. Ajo e kishte puthur kushëririn e tim eti në buzë. Ky i kishte thënë: "Të dua".

Këto fjalë mbajti mend im atë. E vendosi t'ia thoshte gruas së tij.

Tashmë, ajo i ishte ulur në prehër. Me krahun e fildishtë mbi shpatullat e tij. I ndjeu aromën. Ndjeu shpërthimin e luleve në gjoksoren e këmishës së saj. E puthi në faqe. Frymëmarrja e të dyve po vështirësohej. Para se t'u merrej fryma prej puthjeve, nëna e pyeti:

- Sa herë mund të thuhet ajo fjalë gjatë jetës?
- Do t'them çdo ditë "të dua"! Deri sa të vdes!

Nënës i rrodhën lot. Im atë e puthi. Nëna qau prapë gjatë asaj nate. Im atë e puthte. I thoshte: "Të dua!". Shiu në kopsht pushoi të nesërmen. Qe dita e parë e majit. Lulet e kumbullës i humbën petalet. Lidhën fruta.

## *Banda e Dervish Luzhës në Bruksel*

Trembëdhjetë tropojanët rrinin bashkë gjithmonë. Shumica prej tyre kishin lidhje gjaku. Të larguar nga Shqipëria pas trazirave të përgjakshme të fund viteve nëntëdhjetë, i kishin dalë zot njëri-tjetrit e ishin mbledhur në Bruksel. Rrinin në kafen e një shqiptari nga Shkupi, që luante bixhoz e s'kishte as brekë në bythë. Kishte vetëm atë kafe, që ia kishte marrë me forcë një belgu, si peng për paratë e një borxhi të vjetër. Tropojanët e rinj ndiheshin si në shtëpinë e tyre aty. Kafeja kishte një tarracë të vogël, që jepte drejt e në bulevardin "Leopold II", në lagjen famëkeqe "Molembek". Nga ana tjetër kishte një kopsht të vogël, që tropojanët e shndërruan në vend pikniku. Instaluan një grillë, piqnin qofte, mish, speca e qepë. Bënin qejf. Vetëm tre prej tyre kishin "letra", të tjerët kishin veten e vet. Secili mbi një metër e tetëdhjetë centim, të rinj muskolozë, energjikë, të hijshëm, të dhunshëm. Shkollimin më të lartë e kishte A.B-ja, që kishte mbaruar teknikumin në Tiranë për zdrukthëtar. Të tjerët e kishin mbyllur ciklin rreth shtatëvjeçares. Mbrëmjeve shoqëronin ata me letra, që kishin gjetur punë në një diskotekë në periferi të Brukselit. Tre prej tyre paguheshin, të tjerët bënin rolin e truprojave të tre truprojave të punësuar. Diskoteka s'kishte qenë kurrë më e sigurt. Kulmin e shkëlqimit e arritën një mbrëmje, kur i dolën zot një amerikani të sulmuar nga dy serbë e tre marokenë. Dy nga këta të fundit u dërguan në spital, i treti përfundoi në morg. Mbi trupin e të vdekurit u gjetën gjurmët e ADN-së të vetëm një agresori. Policia hapi hetimet për vrasje. Xhon Mekuin, amerikani që punonte në NATO, "Headqouter in Europe", kërkoi të njihej e t'i falënderonte shpëtimtarët e tij, por ata i thanë se ai kishte shpëtuar Kosovën, ndaj nuk ishte e nevojshme t'ua dinte për nder. I habitur, Mekuin i kishte kërkuar pronarit të diskotekës që të paktën t'u paguante rojeve nga një shishe uiski. Ata i kërkuan pronarit t'ua konvertonte shishen në para.

Me paratë e fituara po festonin atë mbrëmje në kafen "Les

Orquides", në lagjen "Molembek". Një vajzë polake kishte filluar si kameriere dhe ata ndiheshin të respektuar. Më në fund një grua nga bota komuniste ishte në shërbim të tyre. As që e mendonin se Mergaratzae, që ata e thërrisnin shkurt Megi, punonte edhe për policinë e Brukselit. Ajo regjistronte me telefon fjalët që ata përsërisnin më shpesh. Kaq qe puna e saj për policinë. Përveç fjalëve "e qifsha nanën teme", "e qifsha motrën teme", për të cilat policia e kishte këshilluar të mos i shënonte më, pasi ishin të panevojshme, fjalët që përsëriteshin më shpesh qenë "pasha shpirtin e Dervish Luzhës". Siç dukej, policia kishte kërkuar ndihmën e një eksperti fetar për të kuptuar se për çfarë bëhej fjalë. Eksperti kishte lexuar në google artikuj mbi dervishizmin, Iranin dhe kishte ngatërruar Tiranën me Teheranin. Kaq iu desh policisë për të organizuar një aksion shpëtimtar për Europën Perëndimore, për zemrën e saj, Brukselin. Ata që ishin paraqitur si shqiptarë, në fakt ishin iranianë, të lidhur me një Bin Laden të sheitizmit. Policia e mbante nën vëzhgim prej kohësh atë vend dhe arriti në përfundimin se shkatërrimi i asaj bande sheite do ta paqëtonte lagjen.

Tropojanët e rinj po festonin në kopshtin e brendshëm kur, rreth orës tre të mëngjesit, mbi njëqind policë hynë me forcë dhe i arrestuan. Asnjë rezistencë. A.B.-ja i kishte mësuar shokët se gjatë ndërhyrjeve të policisë çdo rezistencë me dhunë shpërblehej me vrasje. Djemtë thjesht zgjatën duart, u prangosën dhe përfunduan në polici. Polakja e bukur, që u shërbente, pshurri në brekë. Makinat e policisë, të mbushura me tropojanë, iu drejtuan burgut.

Në orën katër të mëngjesit dorëzuan të gjitha objektet personale dhe u izoluan nëpër qeli të ndara. Nga kontrolli dhe inventarizimi i shpejtë doli se dymbëdhjetë prej tyre, përveç ndonjë dokumenti, patente apo letër-njoftimi, kishin nëpër portofola dhe xhepa nga një foto të një burri të moshuar me mjekër. Eksperti dhe përkthyesi nga persishtja arritën nga ora shtatë e mëngjesit dhe përkthyesi shpejt kuptoi, nga shkrimi në anën e pasme të fotografive, se nuk bëhej fjalë për iranianë, as për persisht. Në dy-tri dokumente identifikimi shkruhej shqip: kombësia shqiptare. Me urgjencë u thirr një përkthyes i gjuhës shqipe, i cili konfirmoi se bëhej fjalë për shqiptarë dhe gjuhën e tyre. Policia ndërroi objektin e akuzës. Bëhej fjalë për një bandë ordinere, jo me baza terroriste sheite, iraniane. Në procesverbalin e marrjes në dorëzim të të arrestuarve, një shifër e çuditshme ra në sy: dymbëdhjetë prej tyre kishin nëpër xhepa, portofola apo mbështjellëse plastike dokumentesh fotografinë e plakut me mjekër. Përkthyesi u mor me përkthimin e fjalëve të shkruara në pjesën e pasme të fotografive: "Zoti e Dervish Luzha qofshin me ty! Qofsh në mbrojtje të Dervish Luzhës!". Fotot ishin dërguar nga nënat, motrat apo prindërit e tyre. Aty-këtu kishte edhe data të dërgesës së tyre. Procedurat policore të zakonshme: shenjat e gishtave, fotografitë, kampione të AND-së. Tri ditë arrest, në pritje të një vendimi gjyqësor, pas paraqitjes së provave.

Një ekspert tjetër i religjioneve në Ballkan, me origjinë nga Gjakova, u shpjegoi autoriteteve se Dervish Luzha ishte një klerik, që ishte marrë gjithë jetën me kërkimin e burimeve të ujit, si burim jete. Ai kishte mbajtur gjallë besimin në Zot, në një prej vendeve më staliniste të planetit, ku ndalohej me kushtetutë besimi. Në mbrëmjen e gjashtë gushtit, dita kur tropojanët ngjiten në tyrben e Shkëlzenit, nga burgu "Saint Gilles" dolën dymbëdhjetë tropojanë. I trembëdhjeti, ai që nuk kishte fotografinë e Dervishit, u mbajt në izolim. AND-ja e tij përputhej me atë të gjetur mbi trupin e marokenit të vrarë në diskotekë.

- Edhe në bibël veç një në trembëdhjetë është fajtor! - tha shefi i policisë së Brukselit.

## Cikël poetik

PETRAQ RISTO

### Murtaja veçmas Shekspirit

Shekspiri pikoi nga hija e kosës sime,
    nën hijen e kosës u rrit, për kosën shkroi
Unë ia fala fantazmat e tragjedive
    dhe me fantazmat mbretërit ndëshkoi.
Rrugëve të Londrës, unë Murtaja bubonike,
    teatrot i mbylla: *"Glob"** - i pa gojë
Kortezhe të shkretë: karroca e patkonj,
    i vetmi regjistër muzike
Kambanat bien mbi qirinj lutës,
    që shkrihen hutuar famullive
Tingujt e tyre zvarriten si këmbë me vargonj.
    Murtaja do t'i *pagojë*!

*"Hundëve mbani lëkurë portokalli*
    *e shpirt karafili – maska më e mirë!*
*Digjini këpucët e vjetra, të vjetrat rroba, orenditë...*
*Digjini bashkë me minjtë!"*, thërret kasneci me shpirt
Lungat po çahen si shegë të kalbura në Silver Street**.

Murtaja dhe lufta i barazon njerëzit, Frika bëhet oksigjen
Lotët thahen nga një erë shkretëtire
    dhe pyetjet përsëriten ajrit si refren.
Shikimet s'kanë kujtesë: herbariume sysh
Lofata hedh monedha gjethesh në Tamiz
Dhe zogjtë nuk cicërijnë; janë në krizë.

*"Në hundë: lëkurë portokalli*
    *e shpirt karafili – maska më e mirë!*

*Brenda shtëpive digjni rozmarinë të thatë,*
　　　*dafinë e temjan!"*...
Po s'pyet Kosa ime për aromat, flakët dhe tymrat e tyre
Kufomat e ideve si minjtë në kanale ngjajnë.
Teatrot i mbylla dhe *"Glob"*-in, natyrisht,
　　　mbylla edhe Shekspirin në shtëpi
Rrugëve të Londrës karroca njëqind fish
　　　dhe kuajt si njerëzit: në zi
Shekspiri brenda meje thith Kohë dhe Energji.

I mistershmi mister Shekspir,
　　　s'ju vura kryq të kuq në ballë të derës
Kur je i mbyllur në karantinë, dhemb ligji i rëndesës
Koha është lëvizje në hapësirë, por kur s'lëviz - koha s'ecën
Lëvizjet e munguara i zgjove brenda Veprës
*Kortezhe të shkretë: karroca e patkonj me ritëm funebër.*

Tre fuçi baroti në *Dhomën e Lordëve* dhe te mbreti Xheims
Ethe dhe çibanë ka skeptri që kam prekur
Trupi i Londrës mbushur me shegë të kalbura mes mjegullës
Çibanë yjesh rrjedhin qelbë-dritë mbi lordët dhe mbi skeptër
Duan ta vrasin mbretin dhe lordët t'i vrasin patjetër...

Dielli lind si një i panjohur
　　　që kërkon të fshihet në *Silver Street*
"Tre fuçi baroti në *Dhomën e Lordëve* dhe te mbreti Xheims
*Digjini këpucët e vjetra, të vjetrat rroba, orenditë...*
*Digjini bashkë me minjtë!"*, kasneci thërret me gjithë shpirt.

Nga hija e kosës sime Shekspiri pikoi,
　　　unë e lëviza në *Rrugën e Argjendtë*
Nën hijen e kosës *"Makbethin"* shkroi
　　　dhe *"Mbreti Lir"* nën kosë e mori jetën
E ç'pajë fitoi Shekspiri në *Shën Olave*,
　　　Pajë për njerëzimin qe çdo vepër.
Unë Murtaja krijova kod të ri, me kodin tim bota do shpëtojë
Unë, Murtaja, do t'i *pagojë*. *"Glob"* - i pa gojë.

*"Goneril, je një lungë murtaje stampuar*
       *në gjakun tim të infektuar"*
Merkutio thërret Kapuletë e Montanjë
       *"në dy shtëpitë tuaja ka rënë një murtajë"*
Në një rrëfanë dashurie Romeo e Zhuljeta bëjnë botën të qajë.
*"Bëhu një murtajë planetare në ajrin e sëmurë…"*
*"E gjithë drita e infektuar e Jugut*
       *te ju që jeni turpi i Romës"\*\*\**…

Kortezhe të shkretë: karroca e patkonj me ritëm funebër rrugëve të Londrës.

   *Newark, janar - shkurt, 2021*

   \* Teatri i Shekspirit

   \*\* *"Rruga e argjendtë", ku gjatë epidemive të murtajës banoi shumë kohë Shekspiri dhe ku u krijuan disa nga kryeveprat e tij.*

   \*\*\* *Në këtë strofë, vargjet kursive janë nga "Mbreti Lir", "Romeo dhe Zhuljeta", "Timoni nga Athina" dhe "Corolianus".*

## Riciklim

Ka hyrë në modë riciklimi
Riciklohen ide, shishe pa mesazhe
Letra librash pa vlerë, kanaçe
Qeveri, politikanë, liderë.

Riciklohen dashuritë e vjetra
Luftërat e vjetra, stinët, ëndrrat, bunkerë…
Nuk riciklohet dehja me verë.

Riciklohen ata që rrinë në rresht si kokrrat në bishtajë
Askush s'guxon të qesh, askush s'guxon të qajë
Mbledhur brenda trekëndëshit masonik:
     bila bilardoje para fillimit të lojës
Me numra të ndryshëm mbi shpinë
Presin riciklimi të fillojë
Pa rënë në greminë.

Riciklohet heshtja para një krimi
Natyrisht dhe pjesëmarrësit në krim
Nuk riciklohen lotët pas gabimit
Dhe ata që fejohen me lirinë.

*Newark, New Jersey, 31 janar 2021*

## *Brenda një flluske*

Ju ka ndodhur ndonjëherë të gjendeni brenda një flluske
Për t'i shpëtuar përkohësisht gravitetit
     gjer në tavanin e një ëndrre
Të rrotulloheni në ajrin e dhomave i pakërcënuar nga askush
I paprekur nga zhurmat, nga aromat, nga joshjet
Brenda një flluske me liri të mbushur - flluskë boshe…?

Nëse po, patjetër e keni ndjerë dikë me gishtin tregues
Drejt një tullumbaceje feste, duke dashur ta shpojë flluskën
Pikërisht në çastin kur ju po preknit tavanin e ëndrrës
Atje ku zakonisht vendosen çengelët e varjes.
Ai gisht ka qeshur, ka brohoritur
     dhe ju me këmbët në dysheme
Jeni ndjerë dyfish i braktisur, refuzues ndaj flluskës së re…

    *Newark, New Jersey, 26 janar 2021*

# Afsh

Ti ishe e gjitha afsh: kërcime xhindesh nën mënd-afsh
Unë veç një fjalë goje thashë, po ja që fjala paska afsh.
O turp, o turp, në djall v-afsh, po digjet djalli nën mënd-afsh
Më q-afsh, më q-afsh, e gjitha afsh, xhindosen xhindet nën mënd-afsh
Ti ishe e gjitha afsh dhe unë – llullë me hashash
Moj, e veshura mënd-afsh, në më p-afsh e mos më mb-afsh
O djalli, djalli nën mënd-afsh... veten vr-afsh!

*Newark, 20 janar 2021*

# Hurrikane

Boksier. I dënuar për vrasje të trefishtë.
Pas çerek shekulli - i pafajshëm.
*Denzel Washington* e luan në film,
*Bob Dylan* krijoi *"Hurricane"*.
Dhe unë ca vargje në dimrin plot trishtim.
Këtu ku dikur jetonte *"Uragani"*.

Është një baltë hidhërimi që vesh trupat e lodhur,
në varrin e përbashkët të zhgënjimit - një baltë hidhërimi.

*Rubin Carter* u gjykua nga një juri e bardhë...

Një dritë plagoset jo vetëm nga hija e vet,
por edhe nga një dritë me shkëlqim kujtimi.
Në qeli "ulur si Buda"*: Rubini.

Faji është jetim jashtë derës, por nuk harron të trokasë,
kërkon të shfajësohet para së vërtetës.
Diçka të errët të godasë.
Rubin grushton në jastëkun e ringut si mbi fatin e vet.
Rubin i vërtetë.

Rubin u shfajësua nga një gjykatës i bardhë.

*Krahasim i Bob Dylan në këngën e tij "Hurricane"*

*Newark, 18 dhjetor 2020*

## Ripërtypëse

Poezia juaj është ripërtypëse,
    i thashë duke kthyer kokën nga mjegulla.
Tjetri heshti duke shtrënguar diçka në grushtet e vegjël:
mbase mundësinë për të më goditur.
Koka më zhuzhiste: bletë në pjergulla. Thjesht: ripërtypëse...
Poezi të ftohta, klone frigoriferike dhe shumë paterica.
Nga grushtet e vegjël nxori kokën mllefi:
    kalimi nga prushi, te ngrica.

Ripërtypëse poezia juaj, e ftohtë, si e lindur në morg:
    ku është shpirti?
Shpirti ku është?!... Po pyetjet vërtiten në ajër:
    shpezë qëlluar nga saçme.
Kafsha ripërtypëse kullot në fletoret
    e përkthimeve të hershme.
E thatë: kujtesë herbariumesh. Jehona e një të qeshure.
Ku është loti? I ke kthyer vargjet në frëngji të po-saçme?
Po pyetjet vërtiten në ajër: shpezë qëlluar nga saçme...

*Branch Brook Park, Newark, 9 shtator 2020*

# *Ajo*

Ajo me flokë të hirtë: cerga të një merimange gjigante
Ecën në një pyll të shpikur veç për të
Një pyll pa takëme përralle
I heshtur pylli: film pa zë.
Ajo ecën e vetmuar në një mjegull andrralle
Me një bisk shprese për Atë.

Kërpudha të ndryshme *(helmueset nuk i njeh)*
Ecën mes një pylli të shpikur: ujqit e padukshëm i la të ikin.
Mes parzmore gjethesh shfaqen kërpudhat me helme-të
Një vetëtimë e largët sapo i dha të njohur:
Çdo njeri është tiran i vogël
      dhe mban shënim në lëkurën e vet.

*Newark, 5 janar 2021*

# Nga ditari i Kolombit

-Fragment-

Ata na japin ar dhe ne u japim pasqyra:
        shikojnë veten dhe qeshin
Në skaj të qiellit përgjon një zot i padukshëm
Nga mëngë resh bien shira, rreze dhe shigjeta
Ne u japim kapele si guaska pa perla
Ata na japin perla pa guaska.

Na pyesin: keni ardhur nga qielli?
Dhe na kërkojnë yje, pije nga Hëna
Ne u japim vazo, krëhëra, gërshërë
Mësojnë të krihen e njëkohësisht të shihen në pasqyra
Pastaj fillojnë të mësojnë si përdoren gërshërët
Në fillim presin gjethe,
Lëkurë të thara, flokë dhe thonjtë e rritur
Miqësohen me ne: magjistarët e rinj
Që ende nuk mbajmë era gjak.

Keni ardhur nga qielli...?

    *Newark, 9 janar 2021*

## Stuhi në kopshtin e mollëve

Kopshti i mollëve ka rënë përmbys në dhembjen e vet
Mollë të kuqe me sy nga qielli plot vetëtima
Degë fshikulluese – dikur shtëpia e shenjtë
Këputen, u bien mollëve mbi shpina.
Shirat përmbytës nxjerrin rrënjët – brinjë
Jo, nga ato brinjë, Eva s'mund të lindin
Veç nga gjumi i thellë zgjohen gjarpërinjtë
Me mollët mbi shpinë nis Eva-kuimi...

*Newark, 8 shkurt 2021*

## Pre e një fiksimi

Si mundet gjesti yt të shpërfillë kohën
      dhe unë të bëhem pre e një fiksimi?
Ti rri në shtëpi; unë po shkoj të peshkoj, të kap peshkun e zi
Atje ku nis fundi i bardhë dhe shtegu i një fillimi.
Shkoj të kap peshkun e zi te bregu i një mendimi.
Si mundet gjesti yt të shpërfillë kohën
      dhe unë të bëhem pre e një fiksimi?
Po shkoj të kap peshkun e zi. Ditari i detit: në luspat e tij.
Të kap peshkun e zi. Të kap peshkun e zi.
Thonë dikur ky peshk ka qenë vejushë,
      vejushë e lodhur, mbytur në thellësi.
Të kap peshkun e zi. Të kap peshkun e zi.
Si mundet gjesti yt të shpërfillë kohën...
I zi ky peshk si veli në zi, në një urë kujtese po peshkoj tani.
Të kap peshkun e zi. Të kap peshkun e zi.
...*pre e një fiksimi...*

    *Branch Brook Park, (i ngujuar në shtëpi) 5 janar 2021*

## *Ky nuk është stacioni juaj zonjë*

### ERINA ÇOKU

*(Një poemë me dymbëdhjetë stacione)*

**I.** Këtu nis udhëtimi juaj zonjë,
një kurbe lartësie në dritë e rëndesë,
një vene në puls e tëmth
një dege të kaltër në kujtesë.

Mendja juaj po çahet prej trupi
shpirti po shkon thellë në të,
trini në ecje, trini në një.

**II.** Në qelqin e dritares luhaten
ëndrra të linjta,
si një harresë e shkurtër në erë.

Oh jo, ky nuk është stacioni juaj, zonjë.

**III.** Durimi yt kaq i ri në këtë botë
pret përmbytjen e qytetit nga shiu,
ëndërr ujore së gjalli.
Ishuj që hyjnë ndërtesave të pambaruara.

Ky shi nuk është stacioni juaj, zonjë.

**IV.** Udhëtimi juaj trishtohet,
aty ku luftërat mbruhen njësoj
me të njëjtët armiq e të njëjtët heronj
aty ku bota nuk ndryshon e në fund
të gjithë do të kenë plagën e tyre.

Mos qani, shenjat tuaja janë të padukshme, zonjë.

**V.** Prej goje lule nuk po çelin ende
se zemra e atij burri shtyn zemrën tuaj
brinjë më brinjë, dhe ishujt po vijnë.

Si mundesh krahëhapur ta presësh
tani që dheu trandet këmbëve tuaja, zonjë?

**VI.** Kjo kabinë udhëtimi s'ju ka parë ndonjëherë,
por brenda saj po hyjnë
fluturat e kuqe të dëshirave të tua
dhe këto dallgë bojënjeriu sa trupi i tij.

Mbahuni fort zonjë,
teksa gjithsej vdes e ngjallet në duart e tua të buta.

**VII.** Përshëndetje udhëtimit tuaj zonjë,
sunduar nga hëna e mbrojtur nga dielli
goja juaj ka aq shumë fotone
sa sytë shumëfishohen që t'i mbledhin.

Ky diell nuk është stacioni juaj zonjë.

**VIII.** Ju gjendeni mbi kohën si fati,
e shkuara, e tashmja, e ardhmja
rrinë pezull lëndë pa formë orakujsh.

Si do ta predikoni këtë utopi
pa ditur stacionin tuaj zonjë?

**IX.** Jemi kaq afër e kaq larg
sa nuk ndajmë dot kufij.
Si ta njohim jetën,
kur shpjegimi i saj fle me vdekjen?

Kjo ëndërr nuk është stacioni juaj, zonjë.

**X.** – Lërmë të udhëtoj brenda teje, psherëtij.
Jeta është stacioni juaj, zotëri.
– Lërmë të udhëtoj brenda teje, psherëtin.
Jeta është stacioni juaj, zonjë.

(Mos më zgjo, mos më zgjo.)

**XI.** Ju flisni për dashurinë zonjë
si një vend ringjalljeje,
si një grusht fotonesh që ruan planetin,
po kurrë nuk do mund të ndaleni
në rënien tuaj të lirë.

Se ky, ky nuk është stacioni juaj, zonjë.

**XII.** Kështu tha.
Ky zë që ndan stacionet e mia në botë
në udhëtimin që nuk ia di mbarimin
në udhëtimin që do të më sjellë sërish
kësaj pike fillestare.

Mbahuni fort, jeta nuk e tregon asnjëherë
të papriturën e radhës, zonjë.

*14 shkurt 2021*

## Cikël poetik

## MARIA PATAKIA

### Letërprurësi vdiq

Se nuk kishte ç'letër të dorëzonte.
Më falni!
Gjeta kohën ta shkruaja,
por nuk gjeta kohën ta dërgoja
ose, ndoshta,
gjeta fjalët ta shkruaja,
por s'gjeta arsye ta dërgoja.
Sidoqoftë nuk nevojitej ndërmjetës,
marrësi përfundimtar isha unë,
përderisa,
në dashuri, si edhe në përrallat e tjera,
gjithë personazhet
(të paktën dy a shpesh më shumë)
janë një.
Ndaj letërprurës,
u prehsh në paqe!
Sido që të jetë,
dyert ku do trokisje
dy herë
janë zakonisht hapur.

# Me mish e me dhëmbë

## 1. Thonj gjysmë të zhveshur

*Andrea Staikos e heroinave të tij teatrore*

Me thonjtë e kuq,
të përflakur
(nga turpi gjithnjë)
çirrte kohën.
Kishte harruar që,
sado që të zhvishte
kuptimin e fshehtë
nga dukuritë,
kohën nuk do arrinte
ta gënjente kurrë.

## 2. Apologjia e dhëmbëve

Dhëmbëve iu parashkrua
të kenë rrugëtim paralel
pa iluzione e vetëgënjime.
Rënie të përbashkëta, gjithashtu.
Bien në fundfillimin e parë
dhe drejt fundit tonë.
Të parat, të qumështit,
kur rreshtim së besuari
te Babagjyshi e përrallat.
Të tjerat, të quajturat të përhershme,
kur rreshtim së besuari
në përralla për të rritur,
që nënkuptojnë dashuritë
e ideologjitë.
Nuk kemi më arsye
të shfaqim dhëmbët e logjikës,
ndaj kanosjeve të së magjishmes
e së mrekullueshmes.

Ç'vlerë ka një armatë dhëmbësh,
para absurdit të përkryer të fundit?
As që do t'ia dijë nga kafshimet
Kalorësi i Zi.
E shumta të hidhet një urë
për kalimin drejt kaosit.
Sa për mua, më ndjeni,
i kam ende të gjitha dhëmbët.

## Lëvozhga e kujtesës

Zhvoshkës kujtese,
u reklamua përgjatë periudhës së zbritjeve
– për pak ditë mbarojnë
nxitoni –
pasi, siç dihet,
kujtimet nuk treten,
kur gëlltiten të papërtypura,
me lëvozhgën e trashë të mungesës.
Nëse nuk arritët këtë herë,
s'ka gjë, herës tjetër!
Zbritjet e ndjenjave janë me tepricë.
Një kërkim i vogël në faqen e harresës
do t'ju bindë.

## Antiteza

**1.**
Apoloni me Dionisin
dy Zotat grinden;
në pjesën e pasme të trurit,
po ndërtojnë një pallat.
I pari hedh themelet,
i dyti ngre tavanin,
por ndaj lutjeve të mia,
janë të dy të shurdhër.
Të papërshtatshme materialet
dhe ndërtesa lëkundet.
As instinkti e as logjika,
nuk e mbajnë ngrehinën.
Një fat i keq e koriti,
si pallatet mbi rërë.
Kohën që parakaloi,
rend të arrij,
por në fund të çdo kohe,
rend për ndihmë vetmia.
Portën e së panjohurës,
puth e për të kujdeset.

**2.**
Krijesa të zjarrit jemi,
nën dritën e pamëshirshme të njohjes,
subjekte
që pijmë
spermën e rrezikut,
duke lëvizur mbi një trajektore,
ciklikisht drejt djegies.
Ndërkohë,
si lypës të përulur
ngërthehemi pas artit,
që të kryejë
"atë, që natyra s'arrin dot të bëjë".*

*Shprehje e shkëputur nga vepra e Aristotelit "Të natyrshmet".*

## Shenja pikësimi

Të pavargëzuara tashmë vargjet.
Humbën, siç e sheh, edhe pikësimin fillestar.
Të ligështuara shenjat,
nga mësymja e rezultatit të pritur.
Dështuan reticencat,
përderisa mbizotëroi vetë heshtja.
Ndërruan jetë pikëçuditëset,
përderisa u rrënuan
gjithë çudibërjet.
U largua edhe presja,
përderisa s'ka më copëza, që të lidhë.
Përfundimisht, as pika në fund s'urdhëron dot fundin,
përderisa fundi ka ardhur më herët.
Mbeti – pavendosmërisht – kllapa,
të përmbyllë (pa dhënë zgjidhje)
të shkuarën e lavdishme të shenjave
të pikësimit,
edhe dorëheqjen.

# Damarë

Damarët kanë jetën e tyre.
Fryhen brenda duarsh të plogështa
dhe në tëmtha që angështohen
nga mendimet.
Degëzohen, si lumenj të errët,
mbi peizazhe të thata e të zbehta
mishi të ligët.
Pulsojnë, duke u dhënë ritëm,
lëvizjeve të paformësuara e ngurruese.
Përmbledhin substancën e pashqueshme,
në koordinata të lagështa të ekzistencës.
Damarët kanë jetën e tyre.

*Përktheu Eleana Zhako*

*Maria Patakia lindi në Athinë. Studioi për drejtësi në Athinë dhe Paris, në universitetin "Paris 2". Ka punuar për shumë vite në Bruksel si këshilltare juridike në Komisionin Europian. Ka qenë kryetarja e shoqatës kulturore greke "Kyklos" në Belgjikë për një kohë të gjatë, ndërsa tani është në pozicionin e sekretares. Ka botuar dy vëllime me poezi, "Hapamatësit" (botimet "Melani", 2016), "Peshorja e shpirtrave" ("Melani", 2018) dhe sapo ka botuar librin e saj të tretë me poezi "Për dashurinë, si të vetmin demon", nga e njëjta shtëpi botuese.*

# Intervistë me shkrimtaren

## *Flutura Açka*

*"Shkrimtari duhet të lexojë shumë, të mbajë shënime dhe të mos e vrasë muzën; do të thotë të mos e tërheqë zvarrë kur ajo refuzon t'i bëhet mike dhe as të mos e përzërë me dembelinë e shkujdesjes."*

**Intervistuesi**: *Pas kaq vitesh krijimtari, e mban mend se kush ishte frymëzimi i parë që të shtyu të shkruash? Ka ndonjë ngjarje apo ditë të veçantë, që i solli lexuesit Flutura Açkën?*

**Flutura Açka:** Nuk më kujtohet qartë kur kam nisur të shkruaj, por përfshirja në magjinë e shkrimit ka patur në krye shëmbëllimin e një teatri, ku spektatorët e mi të parë kanë qenë lulet. Fare fëmijë, e mbaj mend veten të dilja në rrugicën që përshkonte oborrin e shtëpisë sime të fëmijërisë dhe aty, në anë, kishte lehe të bukura lulesh, për të cilat kujdesej shumë ime më. Aty riprodhoja çfarë kisha lexuar, ashtu, me fjalët e mia, mbase duke i shtuar aktrimit edhe ndonjë histori timen. Nuk e di çfarë më shtynte ta bëja këtë, ndonjë nevojë për publik, për dëgjues, që dhjetëvjeçarë më vonë do të identifikohej me përcaktorin tim më të dashur, lexuesin. Më habit ende ajo joshje. Shkarravinat e mia të para kanë qenë në vargje, kam ende nëpër blloqe shënime të atyre viteve.

**Intervistuesi**: *Kur nise seriozisht të shkruash?*

**Flutura Açka:** Herët duhet të ketë qenë. E infektuar nga Migjeni e Majakovski, shkrova një poemë të gjatë, shumë të gjatë, për redaktimin e së cilës u mor një e njohura jonë që kishte punuar dikur si drejtore e bibliotekës së qytetit. Ajo

e ngau time më që të niste bashkë me mua, "vajzën e saj të talentuar", siç këmbëngulte kumbara ime letrare, një tur nëpër redaksitë letrare të asaj kohe në kryeqytet: "Nëntori", "Drita" dhe tek e vetmja shtëpi botuese shtetërore. Isha vetëm trembëdhjetë vjeçe. Poema ishte aq e gjatë, sa letrarët e dashur që takova e që vite më vonë m'u bënë miq, këshillonin të nisja me poezi më të shkurtra. Nuk e di se sa serioze ishte ajo farë poeme, por unë vetë isha tejet serioze në ëndërrimet e mia prej vajzukeje. Poezitë e para të botueshme i kam shkruar gjatë kohës studentore dhe një pjesë e tyre janë botuar në vëllimin e parë poetik "Tri vjeshta larg" (1993) dhe botohen ende siç janë. Kanë tatuazhin e rinisë dhe spontanitetit tim poetik të asaj moshe.

**Intervistuesi:** *Në retrospektivë, ke dashur gjithnjë të ishe shkrimtare?*

**Flutura Açka:** Nuk e kam shumë të qartë në ka qenë kështu, besoj se ka ardhur me kohën. Një ditë, ende në klasat e fillores, iu shpreha prindërve të mi se doja të bëhesha redaktore, pasi, në librat që lexoja, intuita më thoshte se ky personazh-hije, që e ndeshja në faqen e katërt, duhet të ishte edhe më dijshëm se vetë shkrimtari. Unë doja ta kapërceja edhe shkrimtaren, pa e ditur se ç'strukturë e habitshme ishte shkrimtari. Ata ngritën supet me këtë kërkesë femërore. Më vonë, jeta më kaloi nëpër peripeci të çuditshme dhe të dhimbshme (njëzet vitet e para i kam kaluar nën diktaturë) që do t'ia fashisnin kujtdo të talentuari ndjesinë e shkrimtarisë. Por kam qenë me shumë fat; liria erdhi njëherësh me maturimin tim poetik. Po të mos kishte ndodhur kjo, për natyra disi rebele nuk kishte shumë zgjedhje: ose do të heshtja, ose do të privohesha.

**Intervistuesi:** *Ç'këshilla do t'i jepje dikujt që sa po fillon të shkruajë?*

**Flutura Açka:** Të lexojë shumë, të mbajë shënime dhe të mos e vrasë muzën; do të thotë të mos e tërheqë zvarrë kur ajo refuzon t'i bëhet mike dhe as të mos e përzërë me dembelinë e shkujdesjes. Nëse e sheh letërsinë si vuajtje, ka gjetur profesionin e gabuar. Letërsia vjen së brendshmi, ti e ndien mu si një barrësim, nga i cili dëshiron të çlirohesh. Kjo nevojë ka nervozën e kafshës së plagosur. Shkrimtari duhet të rrijë vetëm, të mendojë. Në kohët hektike që po jetojmë, kjo duket disi e vështirë; shkrimtari i sotëm është shumë i ekspozuar dhe e ka humbur ose e ka të brishtë një vektor vendimtar të të qenit i tillë: vetminë – vesi më i bukur i tij. Shkrimtari duhet të lexojë, të udhëtojë, të hulumtojë, sepse vetëm kështu krijon lëndina kujtese, kujtesë të cilën e zgjasim, siç thotë Borges në përkufizimin e tij për letërsinë, duke shkruar.

*Intervistuesi:* A të ndodh të bllokohesh, të mos gjesh dot atë që kërkon? Si përballesh me "writer's block"?

**Flutura Açka:** "Writer's block" nuk më ka ndodhur kurrë, as nuk besoj se do të më ndodhë. Problemi im është "time's block", pra mungesa e kohës për t'i shkruar ato që dëshiroj. Kur botova "Ku je?", në vitin 2009, një miku im më tha se me aq ngjarje që ishin në libër dhe aq tekst që kisha përfshirë në të, një shkrimtar tjetër do të kishte bërë katër romanthe. I thashë se nuk kam humbur asgjë, sepse i kisha edhe katër romane të tjerë të gjatë dhe ja, gati dhjetë vjet më vonë, unë i kam ato katër romane po aq të gjatë tashmë të botuar. Nëse do të më jepej mundësia praktike që të isha shkrimtare në profesion, do ta kisha braktisur dritën e diellit dhe do të shkruaja vetëm libra. Por nuk e kam këtë luks.

*Intervistuesi:* Mbështetur në eksperiencën tënde, kush janë elementet më të rëndësishme të shkrimit?

**Flutura Açka:** STILI, ç'mund të jetë një shkrimtar pa stilin e tij?! Historitë, në të gjitha format, edhe në ato që nuk ta rrok mendja, janë thënë të gjitha: Homeri të mbidhesës, Dante të nëndhesës. Çështja është se si i themi secili prej nesh. E thotë diku Ezra Pound, se "çështja nuk është në imiton, por a je i paimitueshëm". Pasi botova "Kukullat nuk kanë Atdhe", një mikja ime më këshilloi që të kujdesesha se mund të më imitonin, ajo ishte e sigurt se do të fillonin të botoheshin libra të ngjashëm. E në të vërtetë u botuan nja dy romane atë kohë dhe autorët e tyre i kam miq, të cilët u përpoqën të mbanin po atë formë rrëfimi, por, pa i kapërcyer as tridhjetë faqet e para, ishin kthyer te vetvetja. Sikur të mos ishte lëndimi që mund t'u shkaktoja me zbulimin që kisha bërë, do t'i kisha këshilluar në ribotim ta hiqnin atë mish të huaj nga vepra e tyre. Ai ishte një grim që më shkonte vetëm mua. Por nuk ishte nevoja ta bëja, e bëri vetë koha.

*Intervistuesi: Kush vjen në fillim: ngjarja apo personazhet?*

**Flutura Açka:** Ngjarja dhe vetëm ngjarja, që të ndihmon që mu si një demiurg t'i profilosh personazhet, ia përshtat jetës së fiksionit që ndërton. Nuk e di kush e ka thënë se letërsia është lajm që mbetet deri në fund lajm, pra nuk komentohet. Duke qenë një shkrimtare që i pëlqen të rrëfejë, historia bëhet trungu i tekstit tim, që sjell pastaj gjethnajën. Mu siç ndodh me një shkrim enigmatik mbi lëkurët e lashta, që për ta deshifruar të duhet ta lyesh më parë me një solucion magjik, unë pres me ankth "lajmin" e thellësive të mia. Por, në ndonjë tregim të shkurtër ka ndodhur që personazhi e ka përcaktuar ngjarjen; ai ka qenë i pari dhe historia është thjesht veshja e tij.

*Intervistuesi: Si i zhvillon ngjarjet dhe personazhet? Ke ndonjë skemë apo metodë të qartë?*

**Flutura Açka:** Në krye bëj një pemë, është një skemë e thjeshtë, madje në nja dy romane të gjatë kam zhvilluar një arkitekturë timen që më ka ndihmuar shumë. Romani "Të ftuar në Rrethin e Dhjetë" ka një strukturë të vështirë, do përqendrim në lexim, pasi shkon në të kundërt të kohës, ecën si gaforre, pra personazhet nisin si pesëdhjetëvjeçarë dhe në fund të romanit, pas një digresioni të përpiktë nëpër ngjarje, shkojnë në fëmijëri. Ky roman ka disa ndërhyrje interteksti, ndërpresa të natyrës, që i gjen edhe më herët në prozën time, ka shtresime dhe disa nivele leximi. Aty jam ndier tërësisht në ujërat e mia. Është lexuar disi më pak se veprat e mia të tjera, të cilave në përgjithësi u ecën më shpejt fama se ritmi i tregut, por është romani im më i mirë. Ose, thënë më saktë, libri që dua më shumë, ka filozofinë e "Ku je?", mbindjeshmërinë e "Hirit", shtresimet psikologjike të "Kryqit të harresës", sarkazmën e "Kukullat nuk kanë Atdhe" dhe gjeografinë e "Vetmi gruaje".

*Intervistuesi:* Si e gjen apo zgjedh titullin e një libri?

**Flutura Açka:** Rrallë më ka ndodhur të ndryshoj titull. Zgjedhja e parë ka qenë edhe e fundit; duket si një bosht që ta siguron endjen rrotull pa u rrëzuar. Flas për prozën, sepse titujt e poezive i kam si etiketa kavanozash, nuk di t'u vë tituj. E në të vërtetë, çfarë rëndësie kanë titujt për poezinë? Besoj se titujt e romaneve të mi i afrohen thelbit të tyre, por, gjithsesi, titulli është një konvencion, pjesën tjetër e ka në dorë vetë teksti.

*Intervistuesi:* Kur e konsiderove veten për herë të parë plotësisht "shkrimtare"?

**Flutura Açka:** Ju fola, mbase te romani "Të ftuar në Rrethin e Dhjetë", aty jam në plotërinë time, por pandehma ime është thjesht një iluzion, sikurse e të gjithë shkrimtarëve. Sa je gjallë, është krekosje e madhe për të patur sigurinë e këtij titulli kaq hyjnor. Gjatë jetës së tij, shkrimtari është në 'rropatje' për ta merituar titullin, vetëm kaq. Shkrimtari lind atë ditë që vdes; a lexohet pas asaj dite vepra e tij, a mbet gjë prej tij edhe pa praninë fizike, që mban urën e lidhjes me lexuesin?

*Intervistuesi:* E përshkruan dot "habitatin" tënd si shkrimtare, hapësirën ku punon/shkruan?

**Flutura Açka:** Letra, shumë letra, blloqe ku ka shënime, veçmas për romane të gjata. Për një roman të natyrës sime prej katërqind a pesëqind faqesh, unë shkruaj katër a pesëmijë faqe, po të përfshish gjithçkanë përgatitore, ripunime të vazhdueshme, redaktime, pra një proces i gjatë. Ka heshtje, shumë heshtje. Ka natë, shumë natë. Dhe vetmi, shumë vetmi.

*Intervistuesi:* Në ç'kohë shkruan zakonisht: në mëngjes, pasdite apo natën?

**Flutura Açka:** Në mëngjes shkruaj me dorë, pasdite zakonisht lexoj dhe mbaj shënime, shkruaj mbrëmjeve, rishkruaj dhe rimarr fragmentet zakonisht paraditeve. Për të shkruar më duhet nata, që i jep një veshtulli të trishtë kohës së shkrimit; për të riparë mëkatin e natës më duhet shumë dritë, ndaj redaktoj rëndom mëngjeseve. Unë shkruaj edhe në gjumë, pasi thuajse nuk bëj gjumë kur jam gjatë shkrimit të një teksti të gjatë. Deri tani, vetëm një personazh ia ka dalë të më krijojë zhvendosje mentale, prej tij dilja në rrugë natën, ndoshta sepse ai ishte më afër alter egos sime, frikës sime, asaj që mund të kisha patur fatkeqësinë të më ndodhte. Atë frikë e kam projektuar tek ai, quhet Artur Robja.

**Intervistuesi:** *Përshkruaj një ditë tipike shkrimi.*

**Flutura Açka:** Punoj çdo ditë, por nuk e kam luksin të jem çdo çast shkrimtare; sikur ta kisha, nuk do të ma dëgjonit zërin për muaj. Sikurse shumë shkrimtarëve shqiptarë, edhe mua më duhet të mbijetoj si qenie biologjike në një vend ku arti nuk ka aq fat. Shkruaj shpejt, pasi ngjarjen, siç jua thashë më sipër, e kam ndërtuar në mendje gjatë. Kjo ndjesi - e të marrit të kohës nga nata - më është krijuar qysh kur kam lexuar frazën se "një të tretën e jetës e kalojmë në gjumë". Kurrë nuk më është larguar lebetia e atij çasti. Prozën e shkruaj në kompjuter, por kurrsesi nuk e lexoj dot aty, ndaj e printoj dhe deri në botim bëhen disa boca. Të qenët redaktore më ka ndihmuar shpesh ta shoh tekstin tim veç si tekst, ftohtë; shpresoj t'ia kem dalë të ndaj veten nga vetja. Çështja është sa ta nis një vepër dhe amoku i ngjarjes nuk më lë më pa ia dalë në fund. Këto ditë po përmbaj ethen e një diptiku, i cili më ka mbërthyer keq prej kohësh. Mezi po pres të ulem; nga ai çast mbase nuk do ta ngre as telefonin. Magjepsja pas tekstit është ndër lumturitë e vetme që më kanë mbetur në këtë jetë.

**Intervistuesi:** *Kush është për ty pjesa më e vështirë e shkrimit?*

**Flutura Açka:** Lidhja e ngjarjeve, që romani të mos duket si ngrehinë prej dritareve të të cilit fryn erë nga të gjitha kanatet e shpartalluara. Dhe ruajtja e stekës. Nëse lexuesi mërzitet dhe e lë, e ke humbur betejën. Por të luash në rrafshnaltë, është sport shumë i vështirë, të duhet edhe përvojë. Unë tani e kam, më duhet vetëm kohë, pak lehtësira të së përditshmes do të më ndihmonin shumë, pasi më nervozon bjerraditja. Udhëtoj shumë para se të nis një libër të ri. Ai "treni, të gjitha dritaret e të cilit qeshin", sipas Nabokovit, për shkak të lëvizjes dhe pamjeve të reja, është motori im. Ndoshta kjo është arsyeja pse ka gjeografi të gjerë në librat e mi. Letërsia nuk është një gjë e atypëratyshme, çdo mendim më parë e fikson në kujtesë, pastaj e hedh. Pra, siç thotë Huxley "kujtesa e çdo njeriu është letërsia e tij private", por ndryshimi është se shkrimtari nuk ka zor ta zhveshë kujtesën.

*Intervistuesi: Si e organizon kohën në periudhat kush shkruan?*

**Flutura Açka:** Për shkak se marrosem pas asaj që shkruaj dhe nevojës për ta humbur lidhjen me mjedisin tim, shkoj në Holandë, mbyllem dhe shkruaj, ditë e natë. As telefona, as vizita, as kënaqësira. Pi shumë verë. Nuk është vuajtje, është lumturi akute, shtegtim marrok, pa të cilat do të isha një qenie shumë e varfër. Është insulina që rregullon raportet e fizikut tim, psikikës dhe kuptimit të jetës sime.

*Intervistuesi: Ç'është gjëja më e çuditshme që të ndodh kur shkruan?*

**Flutura Açka:** Që i shoh personazhet e mi si të gjallë, arsye edhe pse shpesh lexuesit vërejnë se, tek lexojnë librat e mi, u duket sikur shohin edhe një film, mbase nga mënyra se si përshkruaj. Në të vërtetë i përshkruaj siç i shoh në bezen e neuroneve të mia, në kinemanë e kujtesës dhe shajnisë sime.

*Intervistuesi: Dëgjon nga lexuesit?*

**Flutura Açka:** Po, marr shumë, shumë mesazhe. Për çdo libër të ri gjithnjë e më shumë. Me mesazhet për romanin "Kukullat nuk kanë Atdhe", që është lexuar nga mijëra dhe në formë trakti, mund të botoj një librushkë. Një librushkë edhe më të trashë mund ta bëj me mesazhet e veprës së fundit "Biri". Etika dhe fshehtësia e lidhjes me lexuesin nuk ma lejon t'i botoj, por i ruaj me shumë dashuri. Paramendoni, kam nja dy lexues besnikë, në kufijtë e adhuruesve të frikshëm, që më dalin parasysh kur nis të shkruaj një vepër. Kur botoj një libër, ata më telefonojnë dhe më pyesin: "Po libri tjetër kur do të dalë?". Përfytyroj shndritjen e syve të tyre nga gëzimi që do të lexojnë diçka të re prej meje; duket e çuditshme, por kam dhimbje që t'i zhgënjej ata. Kam shumë të tillë, ndjekës të bukur.

*Intervistuesi: Çfarë të thonë zakonisht?*

**Flutura Açka:** Rrallë ose askurrë nuk më ka ndodhur të marr vërejtje. Në publicistikë po, se vërejtja është pjesë e debatit. Nuk mund t'i bësh vërejtje shkrimtarit, lexoje ose jo! Shkrimtari dhe vepra që lexon është zgjedhje, një zgjedhje që paracaktohet herët. Ju fola, zakonisht fama e librave të mi ecën më shpejt se ata vetë, kështu që ndonjëherë e kam të pamundur të ndjek me të njëjtën shpejtësi edhe inercinë e tij. Kur shkruan, ti nuk mendon çfarë do të ndodhë me veprën, sepse kjo do të ishte një lloj autocensure, ti e shpërfill brerjen nga kjo.

*Intervistuesi: Ku nisin dhe si vazhdojnë studimet/ kërkimet për një libër të ri?*

**Flutura Açka:** Punoj shumë paraprakisht, në varësi të temës. Blej dhe lexoj shumë libra që lidhen me temën specifike, thjesht të kuptoj se sa minore është dija ime mbi atë çështje. Kjo jo për të ndjerë modesti, por për të kuptuar se qasja ime nuk është një përsëritje e mërzitshme, por një fragracë që i ka munguar këtij kopshti larushan. Për temën e diptikut që po përgatitem të filloj, kam punuar thuajse pesëmbëdhjetë vjet. Jam e dehur nga njohja e temës sime, një temë shumë interesante historike. Atë ditë që do ta nis, duhet të kthehem njëqind vjet pas në kohë. A mund ta bësh këtë pa një humbje të kohës tënde si qenie biologjike dhe si qenie letrare? Kur Pesoa thotë se "letërsia është mënyra më e pranueshme e shpërfilljes së jetës", besoj se këtë ka parasysh.

*Intervistuesi: Kush janë veglat më të rëndësishme të zanatit?*

**Flutura Açka:** Fantazia, nëse mund të quhet mjet, ajo është e para. Një nevojë e brendshme për të ndërtuar jetë paralele, a thua ke frikë nga kjo botë e gjallë ku je pjesë. Mjetet janë sofistikuar në kohën tonë, ka programe se si ta organizosh një libër, kërkimet përmes google janë përshpejtuar. Unë e kam nisur me laps e letër, ashtu e shkruaj ende poezinë dhe tregimin e shkurtër. Pastaj u hodha te një Olivetti, që më ka magjepsur kur e kam përdorur; ende i kam në fletë të tilla përkthimet e para të klasikëve italianë, me të cilët isha dashuruar në fund të viteve '80-të. Tani shkruaj në kompjuter dhe për fat mendimi më shkon me të njëjtin ritëm me rrahjen e tastierës. Vështirë të ndërroj zakon më.

*Intervistuesi: Si e përkufizon suksesin?*

**Flutura Açka:** Barrë është, pasi ndonjëherë përzihet edhe me ca sentimente, që nuk ke dëshirë t'i zbulosh mes të ngjashmëve të tu. Tronditjen e vërtetë nga shtypja e kësaj, e pata me ca poezi personale që shkrova për humbjen e tim biri. Aty vërejta se kishte në gjindjen tonë letrare edhe prej atyre që m'i numëronin pëlqimet. E ka thënë Borges për të gjithë ne dhe për të gjitha kohërat: "Fama është forma më e keqe e moskuptimit". Në ato ditë të trishta, ndjeshmëria njerëzore ndaj të cilave ishte shumë e prekshme për mua, zbulova befas në periferi të vëmendjes publike edhe institucionin e "xhelozisë makabre". Mbase edhe kjo është njerëzore, por i takon zonave të errëta, ku unë nuk hyj kurrë pa kandil.

*Intervistuesi: Në një ditë të zakonshme, sa kohë shkruan?*

**Flutura Açka:** Unë nuk shkruaj ngaqë frymëzohem, por ngaqë kam nevojë ta shëroj plagën që më hapet e që më cimbis. Mund të ndaloj në çdo çast, të bëj një çaj, të bëj supën dhe të vazhdoj aty ku e kam lënë, a thua se nuk ndodhi asgjë. Sepse - ju lutem, mos e merrni si arrogancë! - nuk e përfshij veten te amatorët, po t'i referohem Philip Rothit, i cili gjykon se amatori kërkon frymëzim, ne të tjerët ulemi dhe i hyjmë punës. Kur shkruaj, bota para meje e humb peshën, bota brenda meje bëhet bota ime.

*Intervistuesi: Si e ngarkon veten emocionalisht kur duhet*

*të shkruash diçka të veçantë, të rëndë apo të gëzuar?*

**Flutura Açka:** Do t'ju them një ngjarje, që e shpjegon mbase atë që më ndodh. Një mikja ime më kërkoi t'i bëja parathënien e një libri, autori i të cilit nuk arriti ta shihte veprën të botuar. Ishte fjala për një libër me thënie të mençura nga bota. Ishte thjesht një qokë njerëzore, por unë po e vonoja. Një çast ajo këmbënguli që ta shkruaja aty, në prani të saj, dhe unë u ula dhe e nisa. Dhe ndërsa shkruaja, mikesha ime nisi të ngashërehej. E këqyra dhe vazhdova e qetë zanatin tim, pasi, nëse do të bëja si ajo, nuk do ta mbaroja. Kur shkruaj, unë shkruaj, nuk përjetoj. Madje edhe kur kam shkruar librin "Biri", më është dashur ta shqyej veten që ta mbaroja. Kam qenë në prag çmendurie, në risk ataku disa herë, por shkrimtarja dhe nënvetëdija e saj ka një eshtër që e mban drejt përtej emocionit. Pasi nuk doja të shkruaja një përqarje personale, por një vepër letrare të pakohë, që ishte ekskluzivisht jeta ime, por jo imja. Emocionet e mia nuk i lejoj që të kontrollojnë jetën e personazheve të mi, sepse i fik ata pa i krijuar ende.

*Intervistuesi: Sa parapërgatitje bën para se të nisësh të shkruash?*

**Flutura Açka:** Shumë, në rastin e prozës së gjatë e them këtë. Poezia është një dhimbje e beftë koke. Tregimi i shkurtër një përqendrim shumë i lartë mental.

*Intervistuesi: Çfarë përgatitje bën para se të fillosh të shkruash?*

**Flutura Açka:** Vetëm përgatitje mentale. U lë me bujari karaktereve të mi të baresin relievit të mendjes sime. Kur ata zënë e bëjnë kryengritje e ankohen për hapësirë, ulem e shkruaj. Nuk e sforcoj veten kurrë, që të bëj letërsi për letërsi. Letërsia nuk ka normë. Njoh poetë në Holandë që duan muaj për një poezi. Nuk e di në është kjo parapërgatitje apo shkrim, apo hapërdarje. Më duket luks i madh të kesh muaj për të shkruar një poezi, me muaj ndërtohet një shtëpi, shkruhet një roman. Jeta është shumë e shkurtër për librat që unë dua të shkruaj, ndaj shkruaj thuajse përditë, në të gjitha format që jeta dhe shkenca i ka bekuar shkrimtarët sot.

*Intervistuesi*: *Kush është pjesa më e dashur dhe më e urryera në botimin e një libri?*

**Flutura Açka:** Ngazëllimi që të jep të shkruarit, pasurimi me jetën paralele që të ndërton nënvetëdija, është gjë e bukur. Por zbrazja që të jep botimi, ndarja me tekstin, ndonjëherë është e padurueshme.

*Intervistuesi*: *Kush do ishte heroina apo heroi ideal?*

**Flutura Açka:** Nuk ka heronj idealë sa kohë i ndërton vetë. Edhe heronjtë joidealë janë idealë për ty, ti i do njësoj. Janë Piter Panët e tu, që nuk ndryshojnë as moshë, as pamje e as dashuri ndaj teje.

*Bisedoi Dritan Kiçi, shkurt 2021*

## Cikël poetik

**BESNIK CAMAJ**

### I paske ra pikës varg

paske ikë prej thellësive
qenke deshë krejt
me t'pa bota

eh, sa herë kam dashtë
me t'mbështjell dhimbshëm
me duart e mia t'zhveshta
kam dashtë me pi dritë bashkë
n'dhomat e errta t'mendjes
me i hjekë mbulesat
me e kall dyshekun
e me e çliru shpirtin
njëherë e mirë
deri n'fund

dreqi le ta marr he
kam dashtë me t'spjegu edhe diçka
që as vetë nuk e kuptoja

para se me folë
kam dashtë me kcy
e me këndu me ty
mandej
me ndi zanin tonë
tuj shku udhëve t'qiellit
jehonë

## Insekti krahëgjatë

i ra shkurt
kërkonte gjak t'amël
u ndal një çik
vështroi përqark
iu afrua kapelës shty mënjanë
me pipëza e nuhati deri n'gji
hasi në dhimbje
dhe sikur u ngi
paloi krahët me naze
pa luejtë vendi
mandej
ktheu shikimin te pika mes sysh
tundi qerpikët sa mundi
shkundi grimcat e mrame
e më tha
po ik tash se m'kënaqe

## Veç një kandil i dehun

s'pyet fare për erën
e kalon vijën e plotë
kqyrë pak shtremtë
dhe përçart thotë
esëll du' me jetu'

## Pse toka sillet pa lidhje

ti e di
ajo asht sikur unë
e dehun deri n'skaj
tue i mbajtë gjanat
mos me ra
shih si m'pi etja

sapo
jam shtri n'tavan
dritarja po fryn
telat janë lëshu'
era hapet e mbyllet
e ai përpëlitet papra
n'pritje e përcjellje
s'ka mbetë ma
për asgja

## Mbi pipa paska resh borë

e mira borë
tash
ka ardhë çasti me u shkri

nga streha
kërcejtë pikojnë prej gëzimi
tue u thy copë e grimë
në lug
bash aty ku shkrihen fjollat
aty takohen shkronjat
kërsitshëm
rrëshqasin kambët n'cicërima
e pëplasen mureve n'pikturë

trupin s'e ndiej ma
s'pres ma mirë
as du me shku tjetërkah
po kthehem drejt n'ty

## *Sa kisha dashtë*

të jesh rrugë
me borë t'freskët
me e pa
si ec një qen
që ka sharru' deri n'vesh
tue u ba njeri

jo jo
vërtetë kisha dashtë
të jesh ajër i pafundmë
që prek çdo thellësi
dhe ndien si vdes fryma
tue ba dashni

# *Tri poezi*

## JASMINA KOTRRI

### Frymë Shkodre

Murlani asht fryma jeme
që nis e fryn mushknitë
e i shpërthen në dallgë Bune,
që shembin çdo pritë.
Rrjedhin si Kiri, zallit tërbu,
e lagë pa dhimbë
tana rrugët e trupit tem
ndër akuj malli t'ngrimë.
Që rreshtohen ndër shpresa moti,
qëndisje Rozafe, gur më gur,
e me mbërritë në Bahçallek,
largësia më bahet urë.
E fryma jeme, çilë luledele,
butësisht, e lirë, kodër m'kodër,
në fushat e fminisë,
me shpirtin ndër sy,
kaloj përditë andej... në Shkodër.

## Te dhoma me dërrasa

Mbeshtetë në ma t'amlin prag,
aty ku me bisht synit shof vajzninë teme
e shpirti jem merr frymë.
Te dhoma me dërrasa
bilur nga madhështia e durve t'nanës,
e detaje gdhendje që kanë emrin babë.
Në kumbimin e veshëve
vallzojnë gazet e mia,
e dera ndryn hala pëshpërimat e motrave,
si zogjtë që presin shtegtimin.
E malli tingëllon si sahati i gjyshit:
ding-dang ding-dang
e m'bahet danga në shpirt,
që tradhtohet ndër sy.
N'atë dhomën me dërrasa,
ndër erna mallit,
unë bahem fmi.

## Natë e gjatë

Ti s'e din sa e gjatë asht nata
kur unë hapi kapakët e shpirtit.
Ndër pëlhura andrrash t'paprekuna,
derdhi karajfila qindsh,
e n'petale numëroj minutat.
E ato bahen refren
që m'përkundin frymën
e sytë i arratisen qetësimit.
Ti s'e din sa e gjatë asht nata,
kur sytë e mi mpihen
në andjen me shëtitë botën tande,
e me u harrue ndër deje frymëmarrjet,
si zhytje pa frymë.
Ah, sa të gjata janë netët,
n'pritje dehëse der'n'sabah
kur t'i çilë sytë n'múe,
e dielli lind... prej gjoksit tem.

## *As ombrellë, as hije...*

## XHEMË KARADAKU

Prej ca vitesh jetoja në Prishtinë. Një ditë vjeshte i hipa veturës e shkova në qytetin Gj., ku kisha jetuar më parë. Binte një shi rrëke. Para kafeterisë "Palace", një hije u shfaq në trotuarin plot ujë. Një hije me ombrellë, me një pallto të zezë e të gjatë; ecte ngadalë e mendueshëm. Ishte vetëm Hije, pa Qeveri. Ishte Kusha. Ecte në këmbë. Jo se i pëlqente shiu, por nga trishtimi. Thuhej se i kishte shitur të gjitha, edhe veturën para do ditësh. M'u kujtuan fjalët e Rrem Ahishtës në shtypshkronjë... Ah, loja e politikës... Apo diçka tjetër... M'u dhimbs. Duart më ranë nga timoni e një kohë e shkuar e para disa viteve m'u shfaq si film aty për aty...

Reklama, me sfond të kuq, ku në ngjyrat e kaltër dhe e verdhë shkruhej "Shtypshkronja NEM", dallohej nga larg. Objekti i vjetër në periferi të qytetit, ku ishte vënë reklama, i ngjante një stalle në formë katërkëndëshi të gjatë, me sipërfaqe prej disa qindra metrash katrorë. Më vonë mësova se në kohën e komunizmit kishte qenë depo e kooperativës bujqësore. Dritaret me korniza metali dhe kunja hekuri të krijonin përshtypjen e një burgu. Mirëpo, brenda mund të shihje një makinë shtypi, disa paleta me letër dhe një brisk për prerjen e tyre. Aty do të niste punën një shtypshkronjë e re.

Shtypshkronja do të ishte pjesë e kompanisë me të njëjtin emër, e cila kishte ndërtimtin veprimtari parësore, por kishte nisur të zgjerohej edhe në sfera të tjera. Bile, vetë emri i saj, "NEM", ishte krijuar nga tri shkronjat e para të fjalëve: Ndërtimtari, Elektronikë e Makineri.

Kompania "NEM" qysh para luftës kishte bërë emër të madh e jo vetëm në qytetin Gj. Pronari ishte një inxhinier i zoti, të cilin e njihja nga koha e studimeve. Ai, dalëngadalë, e kishte zgjeruar ndërmarrjen në fushën e ndërtimit dhe madje kishte kontraktuar objekte edhe në qytete të tjera anembanë Kosovës.

Pra, pronari, Kusha, kishte arritur të bëhej një autoritet i respektuar ngado.

Në qytetin e çliruar, si kudo në Kosovën e pasluftës, mbretëronte një entuziazëm i pashoq. Kusha, me bindje të thellë, i kishte thënë vetes:

- Tash në pushtet janë njerëzit e mi, është partia ime. Në këto rrethana, në qytet, shpejt mund të jem Qeveri në Hije. Një buzëqeshje ia kishte përshkuar fytyrën. - A s'është momenti për të shumëfishuar biznesin? – e kishte pyetur veten një mëngjes tek shihej në pasqyrë.

Dorën në zemër, ai nuk donte të ishte përfitues i padrejtë, por më tepër kishte menduar se së paku nuk do të kishte pengesa. Andaj, gjithnjë e më shumë kishte nisur të zgjeronte kapacitetet, duke radhitur një nga një biznese dhe veprimtari të tjera. Dy depot e mëdha me materiale ndërtimi dukeshin si dy kodra, që nuk u dukej fundi. Te njëra kishte organizuar një punëtori të stilit të hapur, ku prehej e lakohej armatura, e porositur nga punishtet ku ndërtonte kompania. Afër depos tjetër ishte kuzhina për punëtorët e shumtë. Por, për Kushën, ky dukej se ishte vetëm fillimi...

Një ditë vere të fillimshekullit njëzetenjë, Kusha ishte ulur në një nga tavolinat e kafeterisë "Palace". E rrethonin tre-katër të tjerë, të cilët ia ruanin gojën kah fliste me qetësi. Unë, krejt i vetmuar, po gjerbja kafen nën hijen e një bredhi në oborr të lokalit. Me të u përshëndeta nga larg, me një ngritje dore. Nuk e di më vonë si isha thelluar në mendime, kur para meje trupi i Kushës u vizatua si një trung lisi. Pas një shtrëngimi duarsh, ai u ul në tavolinën time. Ardhja e tij nuk ishte befasi, sepse Kusha ishte njeri modest dhe kishte një respekt të veçantë për mua. Një gjë e di mirë, se disa syresh aty rrotull më panë me zili, por unë u bëra se nuk po i hetoja.

Kusha, me qetësinë e tij të zakonshme, pas disa fjalëve rutinë që mund të ndërroheshin në këso rastesh, më tha troç:

- Dua ta drejtosh shtypshkronjën time "NEM". Besoj e ke parë reklamën.

Unë bëra se nuk dija gjë. E urova për nismën, ngrita supet lart dhe rrudha gojën. Pastaj i thashë: "Do mendohem!". Ai këmbënguli se s'kisha çfarë të mendoja, se më njihte mirë, i dinte aftësitë e mia e aq më tepër e dinte dëshirën time të flaktë për t'u marrë me libra dhe shtyp. Aq shumë fjalë miradie tha për mua, sa që u habita dhe u turpërova njëkohësisht. Ndaj nuk e zgjata më shumë.

- Nesër dal në zyrë dhe merremi vesh.

Mandej u ngritëm: ai shkoi në tavolinën ku ishte më parë, ndërsa unë u nisa për në shtëpi. Rrugës u krodha në mendime. M'u kujtua shtypshkronja në qytetin time të lindjes, ku kisha bërë praktikën në shkollën e mesme. Ishte një shtypshkronjë moderne për kohën. Pastaj m'u kujtua shtypshkronja "Rilindja" në Prishtinë, ku ishin shtypur me mijëra libra e revista; pata fatin ta vizitoja nja dy-tri herë. Mandej m'u kujtuan edhe disa shtypshkronja të tjera private, ku kisha shtypur shtatë librat e mi. Ritmi i punës së makinave të shtypit, ai ritëm teknik që m'u shfaq në mendje, u njësua me ritmin biometrik të zemrës. M'u duk sikur isha në një ëndërr të pritur që moti.

Puna në shtypshkronjë kishte nisur me vështirësi të shumta. Makina kryesore e shtypit ishte e përdorur, e tipit "Adast", dhe prishej shpesh. Mungesa e mjeshtërve për rregullimin e saj e vështirësonte shumë punën. Ata ose duhej të vinin nga Prishtina, ose nga Shkupi. Kjo natyrisht e pengonte punën tonë. Problemet me energjinë elektrike ishin të shpeshta dhe duhej përdorur gjeneratori. Megjithatë, kisha bindjen se vullneti për punë nuk mungonte tek stafi, por barra kryesore binte mbi mua...

Muajt kalonin e shtypshkronjën shpesh sikur e zinte mësyshi. Sikur të ishte vendosur në një vend të nëmur, mendoja shpesh. Vështirësitë ishin të shumta, por mund të them se pengesat kishin filluar edhe nga brenda. Sidomos pas ardhjes së "ekspertit" në fushën e grafikës. Një ditë dola jashtë dhe po shihja nga dritarja punëtorin që drejtonte makinën. Ai sillej me aq përbuzje ndaj saj. E godiste me shqelma, pastaj mori një çekan dhe i la një "vulë" në anën ballore. Nuk durova më tepër, hyra brenda. I mllefosur më tha:

- Ma hangri shpirtin me këto prishje!

Nuk e zgjata më tepër. Ndoshta kishte të drejtë, megjithatë

kisha nisur të dyshoja se e prishte qëllimisht... Hyra në zyrë dhe formova numrat e telefonit të disa mjeshtrave për servis. Djersët më kapluan kur kuptova se njëri prej tyre mund të vinte veç pasditen e së nesërmes. Nga sikleti, nisa të pija një kafe. Një krismë u dëgjua në derë. Mendova se më bënë veshët. Kur krisma u përsëdyt, e hapa derën dhe para sysh m'u shfaq Rremi. Rrem Ahishta, i cili tërë jetën e kishte kaluar, siç thuhej, andej-këndej nëpër botë. Kishte jetuar herë në Novi Sad, herë në Shkup, herë në Gjilan, herë në Preshevë, herë në Tetovë e kushedi ku tjetër. Mustaqet si bisht miu nisën t'i dridheshin. Nuk e di a e kishte nga gëzimi që s'më kishte parë moti apo për ndonjë arsye tjetër. Por, pa u përshëndetur më tha:

- Qenke nervoz dajës. Kush ta ka prishë? Veç thuaj se ia kallzoj qefin...

Qesha. Vërejta me dhembshuri se si i dridhej dora e majtë. Mandej i shërbeva një kafe. Rremi thoshte se ishte sikur CIA. Edhe pse i kishte ngat të gjashtëdhjetave, asgjë nuk i shpëtonte pa e marrë vesh. Rafal ia nisi të më fliste:

- Ky bosi (e kishte fjalën për Kushën) edhe televizion kish hapur, edhe restorant, edhe klub futbolli. Veç Politika ka me e marrë në qafë...

Deshi të fliste edhe më tepër, por e ndala:

- Oh, krejt i di, të lutem mos e zgjat më shumë këtë temë.

Kusha, sikur të na kishte dëgjuar, veç kur trokiti në derë dhe hyri brenda. Kishte veshur një pallto, që gati nuk i prekte në tokë. Kravata, me ngjyrat e preferuara të partisë, i varej deri te rripi i pantallonave dhe e shtrëngonte fort në fyt. U përshëndet me Rremin. Më ftoi jashtë zyrës, më la një porosi dhe shkoi. Kur hyra brenda, Rremi më shikoi me sy të zgurdulluar. Deshi të thoshte prapë se mos ma kishte prishur kush, por ia prita: "Mos u bëj merak, krejt në rregull është...". Pastaj i fola fjalë të mira për Kushën. I tregova se njiheshim që nga koha e studimeve. Atëherë Rremi m'u lut:

- Thuaj të më marrë në punë.

- Nuk mundem, - i thashë. Ai vazhdonte të më luste në tokë e qiell. Dikur më plasi damari në ballë: - E çfarë pune mund të bësh tash në këtë moshë?

Rremi hapi sytë, i qeshi mustaku dhe m'u përgjigj:
- Ia mbaj pallton kur e vesh dhe kur e zhvesh. Ia var në varëse. Specialist jam për këtë punë...

Mbeta pa fjalë. Kush nuk e njihte Rremin, i cili ua kishte bërë njëqind sherre të tjerëve, por më shumë vetes. Megjithatë, para se të ikte, e gënjeva: i premtova se do t'i thosha Kushës ta merrte në punë...

Rremi u largua nja dhjetë hapa, por u kthye sërish. "O Zot, çfarë polli tash?", thashë me vete. Sapo u afrua ,ë tha:
- Harrova me të thanë edhe diçka. Kam do material special në çantë, ndoshta e blejnë këto zonjat apo zonjushat që janë këtu në shtypshkronjë.
- Çfarë materiali, o Rrem? – e pyeta me habi.

Ai pa humbur kohë, nxori disa brekë dhe jelekë për femra e nisi të m'i tregonte. Kushedi ku i kishte marrë.
- O Rrem, a do me m'futë në bela, a? Rrasi shpejt në çantë dhe ik, se u bë nami po na panë burrat e tyre...

Rremi mbylli çantën me shpejtësi, e ngarkoi në shpinë, shikoi herë në të majtë, herë në të djathtë, kapelën e rrasi mbi vetulla dhe më tha se do të kthehej sërish brenda dhjetë ditësh. Ma rikujtoi edhe një herë kërkesën për Kushën. Unë, për një kohë, mbeta në derë si statujë. Dikur e mbylla zyrën dhe u nisa për në shtëpi, duke u lutur me zë: "Zot i madh, më ndihmo!".

As vetë nuk e di se si ikën ato dhjetë ditë. Punë e lodhshme. Shtypje të materialeve të shumta. Sidomos disa tiketa lotarie që i porosiste vazhdimisht një klient. Prishje të makinës "Adast", mungesë të rrymës, mospagesë të materialit të shtypur, të cilin duhej t'ua lëshoja klientëve me rekomandim të Kushës, kërkesë e stafit të shtypshkronjës për pagat, ndërsa paratë i merrte Kusha. Një mendje më thoshte se vrik një ditë do t'i thosha lamtumirë asaj shtypshkronje të mallkuar.

Rremi, si i kurdisur, ditën e dhjetë ia behu në shtypshkronjë. Tash nuk kishte çantë të madhe si herën tjetër. Vetëm një të vogël, krah e qafë. Kishte vënë edhe kravatë. Sapo më përshëndeti, më pyeti me shpoti:
- Si është Berluskoni?

Bëra se nuk e kuptova.

- Nuk i kam dëgjuar lajmet, - i thashë, - nuk e di ç'i ka ngjarë.
- More për këtë bosin tënd po pyes, - tha.
- Aha, tash e kuptova, - i thashë e pastaj heshta.
- Domethënë nuk më merr në punë. Pse?
Pohova me kokë.
- E njoh Rremin, tha Kusha, - e gënjeva. - Unë në pallto mbaj kuletën me para, mbaj gjëra të tjera me vlerë, telefona, unazën nganjëherë e heq nga gishti dhe e fus në xhep ose zinxhirin e qafës. Si t'ia lë ujkut të m'i ruaj delet?!

Rremi u mërrol. I hapi sytë. Deshi të thoshte diçka. Deshi të shante fort. Megjithatë u përmbajt. U ngrit në këmbë. Pastaj u ul. Dikur foli:

- Dëgjoje Rremin e keq çka po të thotë. Delet bosit po ia ha politika, po ia hanë ata me të cilët po rri ditë e natë dhe po e shkrryejnë. Nëse nuk të dalin këto fjalë, këtë kokë e gjuaj në pleh...

Pastaj iku. As nuk u përshëndet. Nuk di sa keq e ndjeva veten që ia shkaktova gjithë këtë tollovi në mendje e në shpirt të gjorit. Megjithatë, më erdhën si ushtimë në vesh fjalët e Kushës, i cili, si në shaka, i përsëriste shpesh: "Në qytet, unë do të jem Qeveri në Hije!".

Për dy javë mbaronte viti, ndaj nisa t'i bëja gati raportet vjetore. Kushës i thashë se pas Vitit të Ri do të ikja në Prishtinë, në një punë tjetër. E falënderova për besimin e dhënë. Ai e mori me qetësi lajmin. As nuk u hidhërua. Rrinte i ftohtë, si një hije. Vallë, kishte ndonjë parandjenjë se anija kishte nisur t'i fundosej?

Kur mbaroi ky vegim, e kuptova se vetura më ishte fikur në mes të rrugës. Si dukej edhe kësaj radhe i ishin lagur kandelat, siç ndodhte shpesh kur binte shi e uji shkonte rrugës rrëke. Në varganin e veturave prapa meje dëgjoheshin sirena pandërprerë. Ndeza katër dritat e veturës, pa ditur ç'të bëja tjetër. Vështrova nga trotuari. Aty nuk pashë as Ombrellë as Hije. Ndoshta ishte një parandjenjë!

## *Cikël poetik*

## IRMA KURTI

### *Poezi mbi mure*

Doja të shkruaja një poezi mbi muret
antike dhe të lagështa të qytetit tim,
njerëzit nuk kanë aspak nge të ndalin,
koha sfidon hapat e tyre me shpejtësi.

Doja të shkruaja një poezi të shkurtër,
të deshifrohet në një rrufitje kafeje
e të shijohet në një thithje cigareje;
qoftë një rresht t'u mbetet në mendje.

Një poezi të shkurtër, që në çdo varg
mban qiell, dritë, diell edhe dashuri,
nga përgjumja shekullore do të zgjohen
muret e ftohta dhe plot me lagështirë.

## *Ma lini mua këtë perëndim dielli*

Ma lini mua këtë perëndim dielli,
retë e skuqura si të zëna në faj.
Besomëni, as peneli i një piktori
s'do të arrijë kurrë që të derdhë
në telajo bukurinë e tij të rrallë.

Këtë herë s'do e krahasoj diellin
me një top të madh dhe të zjarrtë,
por me syrin që ndrit i dashuruar.
Brenda qepallave të mbyllura, ai
po përpiqet të hyjë dalëngadalë.

Do t'i mbetem besnike asaj magjie,
ngjyrave të përziera të ylberit,
dridhërimave që më përshkojnë sot
trup dhe shpirt, ashtu si gishtat
udhëtojnë mbi tastierën e pianos.

Ma lini mua këtë perëndim dielli.

## Vjen një çast

Vjen përherë një çast në të cilin
të gjitha zhurmat fiken ngadalë,
trishtimi si makth më pushton,
boshllëku bëhet dhe më i madh.

Marr celularin dhe kaloj emrat,
me gishtat që dridhen të kërkoj,
fiksoj numrin tënd të kësaj bote
një kuptim nuk arrij t'i gjej jo.

Nëse dita është me diell apo gri,
gjethet përpëliten ngjyrë zbehtë,
të telefonoj ty. Rrahjet e zemrës
presin që të dëgjojnë zërin tënd
por ai nuk mbërrin asnjëherë.

Dhe harroj që s'je këtu, por atje,
ku zilja nuk mundet të të zgjojë,
ku mendimi refuzon të më sjellë,
ku shpirti im nuk do të të takojë
e dielli s'mund të të përkëdhelë.

Dhe harroj atë që ka ndodhur,
mungesat e gjata edhe vuajtjet,
lotët-ujëvarë derdhur për ty,
ankthet e humnerën në shpirt,
e humbur, pa dashurinë tënde
në pellgun e mbushur me vetmi.

Vjen përherë një çast, nënë…

## Ai ishte babai im

Me siguri e keni parë një njeri
që kalonte këtu çdo mëngjes,
shëtiste me hapa të ngadaltë,
përkëdhelte lulet me sy, pastaj
ulej qetësisht në stolin atje tej.

Me siguri e keni parë një njeri
me një buzëqeshje të ëmbël
sa më s'ka, ai kishte aq mirësi,
përshëndeste lehtas me kokë,
dëgjonte shumë dhe fliste pak.

Por askush nga ju nuk pyeti
përse tani ai nuk po vjen më,
hapat e tij s'ndihen gjëkund,
stoli rri akoma bosh në park
e vazhdon ta presë si dikur.

Ai njeri i mirë, po aq fisnik
që e keni njohur rastësisht,
ishte i shtrenjti babai im...

## Treni i kohës

Befas vëren një ditë:
njerëzit që ke pranë
nuk janë të shumtë
e me gishtat e dorës
mund t'i numërosh.
Jeta që zgjatej porsi
binarët e trenit tani
nga stacioni i fundit
e ndajnë vetëm pak
kilometra tokë.

Do të doje që trenit
t'ia ulje shpejtësinë,
sikur edhe fare pak,
por nuk je gjë tjetër
vetëm një udhëtar,
në ato vagona plot,
me njerëz të gëzuar,
të çlirët e lozonjarë,
porse më së shumti
të brishtë, të pafatë.

## Qyteti natën

Dua ta njoh qytetin tim natën,
kur errësira mbulon gjithçka.
Germat e fundit të një dialogu
të mbledh një nga një, gjersa
qepallat të mbyllen me përtim.

Dua ta njoh qytetin tim natën,
të heshtur, me fare pak njerëz,
që hapat zvarrisin mbi trotuar,
me lokalet bosh, me drita plot
teksa dridhen si tela kitareje.

Dua ta njoh qytetin tim natën;
në paqe e në rrëmujë t'i flas,
ftohtësinë e tij - si kafshatë
ta gëlltis edhe ndjeshmërinë
time në kosh plehrash ta flak.

## Një trëndafil

Veniten njerëz, kujtime
në një vrap të çmendur
drejt së panjohurës dhe
emocionin humbin ditët.
Përpiqem të bëj paqe me veten
por ç'e do, pafund ne grindemi.
Më ka mbetur tani veç
ajo, as të afërm, as miq.
Tej xhamave, horizonti
më dhuron një perëndim
të kuq porsi një trëndafil.

## Pak alkool

Ç'kërkojmë të dy në këtë vend të huaj
plot me re, me mjegull e me ftohtësi?
Njerëzit harrojnë të të përshëndesin,
të shmangin dhe ndjekin lumturinë.

Ç'kërkojmë të dy në këtë vend të huaj
ku të fiksojnë pse flet një tjetër gjuhë,
portet mbyllen, edhe muret lartohen,
në tokë mbillet urrejtje e pakënaqësi.
Të dy pijmë një gotë verë të bardhë,
kamerieri vjen, ngrohtë na buzëqesh,
ne për një çast gëzohemi se besojmë
në një botë më të mirë, pa e ditur
se pak më vonë ai me disa euro më
tepër çmimin alkoolit do t'ia ngrejë.

S'e shohim borën që bie pa pushim,
këtu në bar nuk ndjejmë të ftohtë
as nga njerëzit, as nga kjo ngricë.
Mjaftoka pak alkool që me ngjyrat
më të bukura bota të vizatohet sot.

Ia vlen të jetosh
Ia vlen të jetosh për një përqafim si ky,
të duket sikur me dorë horizontin prek,
humbet në të si brenda një reje puplore
dhe trupin e ndien të lehtë, të lehtë.

Ia vlen të jetosh për një përqafim si ky,
të presësh pafundësisht veç për një çast,
në atë hapësirë duket se jeton një jetë,
të duash të qeshësh e njëherësh të qash.

## Dielli ka emigruar

Në çfarë tokash ka emigruar dielli?
Unë shoh vetëm që s'ndodhet këtu,
ka lënë një qiell të vrarë dhe gri
në shpirt dhe në zemër gjithashtu.

Të tjera universe po ngroh tanimë.
Do të kthehet vallë tek vendi im?
Këtu nuk ka ëndrra as edhe pritje,
ka plot mjegull, rrëmujë, politikë.

Rrudhat tregojnë histori njerëzish
që duan të ikin në mëngjes a darkë,
pallatet e larta të marrin frymën,
luksi dhe uria jetojnë shumë pranë.

Dielli ka emigruar në toka të tjera.

## *Poezi*

### SADIK KRASNIQI

\*

Ku i kam sytë e blertë
gjuha e buzët e afshëta
ku janë

krahët e përmallshëm
duart e gishti me unazë
ku mbetën

këmbët
e thembrat e shpejta mbi rërë
m'i pa kush

bisedojnë në mes vete
një kafkë e thyer e një asht i bardhë
që i lëpin një qen nate
mbi hirin e zi

*\*Sparagmos: copëtimi i pjesëve të trupit flijues!*

# Palimpsest në buzë

*(Zonjës që i përngjan dy zonjave)*

Ajo ka
buzët e puthjes së vdekur
e puthjes së bërë hi
hi i natës së përjetshme
i fushëtirës së shkretë
nën qiellin me diell të zi

ajo ka
buzët e puthjes së egër
nga ushtari i lirisë

ajo ka buzët
e puthjes së njomë

me ato buzë aq të bukura
më puthi me afsh
për pikëllimin tim
dridhej në krahët e mi
si drenushë shiu.

# Vizita

*(Rrëfim për Azem Shkrelin, sipas rrëfimit të tij)*

Në atë kohë pa kohë
Zezonë
Si koha e sotme
Kur në shesh
Shqiptarët flisnin pa zë

Me bardhësinë e borës së prillit
Të Bjeshkëve të Nemuna
Baba erdhi në Prishtinë

E në tavernën e Bozhurit
U ulëm diçka të pimë

Përreth nesh krejt me kravata
Elita politike, artistë, kineastë
Shkrimtarë e spiunë

Kamerierja e bukur serbe
Me fundin e shkurtër
E dy pulla të shkopisura në gji
U shtang nga kjo bardhësi

Nji kafe me dy gurë sheqer
Tingëlloi rëndë shqipja e babës
Si rrufe e zanoi këtë zanë
E serbishten e kolegëve të mi


Pimë kafet me pak fjalë
E shumë tym të zi

Kur u ngritëm të dalim
Baba ecte solemnisht
Si në dasmë a mort të shkrelëve

Sytë e serbëve në verandë
U bënë ujqër, tigra, peshkaqenë, dhelpra e hiena
Babën deshën ta shqyejnë

Unë u bëra mal nën hijen e tij
nuk hahet bjeshka me sy

    *Kjo ngjarje ka ndodhur në vitet '60. Ma rrëfeu Azem Shkreli në fillim të viteve '90; vite identike të presionit serb ndaj shqiptarëve!*

# *Rituali*

## ERMIR NIKA

Zhurmat e qytetit po tkurreshin dhe mbi xham, si krejt rastësisht, u derdhën hijet e drurëve. Kishim mëse tri orë që udhëtonim pa u ndalur dhe mbi gjymtyrë ndihej lodhja dhe mpirja e ngadaltë. Makina i jepej gjarpërimit të udhëve dhe mbi luginë po ngjiteshin mjergullat e mëngjesit. Hera-herës ritmin e rrugëtimit e ndalnin kopetë e bagëtive, që kalonin shkujdesur në njërën anë të udhës, për t'u hedhur mëpërtej. Këmborët e tyre ngjanin sikur zgjonin në ndërgjegjen time një kohë të largët, gati të pajetuar. Isha kredhur në anën e pasme të automjetit dhe vështrimin e kisha tjerrur lartësive të Llogarasë. Avujt e agut po davariteshin dhe anës rrugëve, qiparizët na mbulonin shpërfillshëm. Lartësive përhapeshin britmat e ujqërve, që ngjanin sikur ndillnin natën dhe kthimin e hënës së thyer, që tashmë po binte në horizont. Ja ashtu, pas çdo kilometri të lënë pas, po përballeshim me një pamje që sikur të grishte të afroheshe drejt një bote disi të egër, me mister dhe ligjësi në kufijtë e paganizmit.

Në përhumbjen time pacak prej aventurieri, zëri i Dionisit më tërhoqi nga gjendja kërshëruese që më pat kapluar:

- Ndonëse në këtë zonë vij shpesh, nuk di pse, sa herë kaloj në këtë qafë mali, ndihem gjithmonë i vogël. Është një ndiesi e çuditshme, gati e pazakontë për një burrë të moshës sime, kur kam më shumë se gjysëm shekulli që endem udhëve të jetës, të përjetoj zhvendosje të tilla në kohë me kahje krejt të kundërta!

Nuk ngulmova ta ngacmoja Dionisin me pyetje të shumta, pasi, në të tilla raste, bisedat dhe rrëfimet e tij rreth së kaluarës nuk kanë fund. Ishim ngritur herët, gati pa u gdhirë dita, sepse duhej të mbërrinim doemos në ceremoninë e hedhjes së kryqit në ujrat e Vjosës dhe lipsej të ktheheshim po sot për të mbaruar reportazhin, që do të dilte të nesërmen në faqet e para të gazetës për festën e përvitshme të Shën Theofanisë.

Pas njëfarë kohe, kur sapo kishim marrë kuotën më të lartë të malit, Edmondi, shoferi ynë, ndali makinën. Ndoshta bëri veprimin e pritshëm në çastin e duhur. Përtej pamja ishte e mahnitshme. Pas kaq orësh udhëtim, të gjithë kishim nevojë të shkrydheshim dhe të mbushnim mushkëritë me oksigjen. Pa e ditur kishim ndalur fare pranë një fshati të vogël në anë të rrugës. Dionisi doli i pari prej makinës dhe menjëherë hapi krahët duke thithur ajrin e pastër dhe duhmat e jodit që ngriheshin nga ultësirat.

- Sa herë ndalem këtu, më ngjan sikur ripërtërihem. Këtë gjë e provon veçse nëse ke lindur dhe ke përjetuar vitet e papërsërtishme të fëmijërisë në këto vise. Dhe më tej, sa herë rrugëtimi yt kryqëzohet në këto anë, kupton se mbetesh përgjithnjë i tillë, fëmijë dhe rob i nostalgjive.

Zbritëm të gjithë dhe po shijonim këtë panoramë që e prek vetëm kur i gjendesh përballë. Edmondi po i hidhte ujë motorit, që po nxirrte avull prej nxehtësisë. Përreth ndihej aroma e kabllove të oksiduara. Edmondi ishte zhytur i tëri nën kofën e makinës dhe jepte e merrte me ç'montimin dhe shtrëngimin e disa pajisjeve të brendshme të motorrit, teksa duart i ishin nxirrë nga grasoja dhe vajrat që po rridhnin në asfaltin anës rrugës.

- Kam frikë se do të më duhet disa orë ta ndreq. S'po e kuptoj pse motori po nxehet kaq shumë. Nuk u kam besë këtyre udhëve! Duhet t'i shoh me kujdes të gjitha lidhjet që të kuptoj ku krijohet masa elektrike. Nuk mund të rrezikojmë dhe na duhen edhe shumë kilometra për të mbërritur.

- S'prish punë, - tha Dionisi, - kisha dhe priftërinj kemi edhe këtu. Edhe në këto anë jetohet dhe besohet.

- Nëse është kështu, atëherë nuk kemi pse mendohemi gjatë. Misionin mund ta kryejmë edhe këtyre anëve. Të kishe folur edhe më parë, Dionis i dashur!

Tej u ndjenë kambanat e kishës, që rrihnin ardhjen e një gjëme. Ndoshta jo shumë larg nga vendi ku patëm qëndruar. Dionisi ktheu kokën nga kisha, prej ku vinin tingujt e rëndë dhe për një çast heshti. Edhe unë u bëra kurioz të kuptoja diçka, por nuk ia arrita. Më pastaj dalluam një prift dhe një shërbestar, që dolën nga dyert e kishës e morën një të përpjete.

- Kam një parandjenjë që do ketë vdekur Malia, – foli Dionisi.
- Cila është kjo? - e pyeta, - ndonjë e afërme?
- Jo tamam e afërme. Një lidhje e largët farefisi, por kemi një miqësi të hershme, me breza. Malia është grua e shkuar në moshë. Prej vitesh jeton e vetmuar pas vdekjes së të shoqit, të ndierit Jorgo. Të dy, fati i bekoi me një bijë të vetme, Artemisën. Ajo tashmë është rritur, ka krijuar familjen e saj dhe, me sa di, prej vitesh jeton me fëmijët e saj në kurbet. Nga sa kujtoj, Artemisa u vendos në Australi, aty ku ndodhet edhe sot e kësaj dite dhe vjen rrallë, tepër rrallë të shoh e të piket me të ëmën. Ndoshta sot, nuk besoj të ketë shumë njerëz dhe meqë u ndodha këtu më duhet patjetër të shkoj. Ju qëndroni këtu se unë nuk vonoj.
- Prit, – i thashë, – lërmë të vij me ty!
- Si të duash, po këtu gratë qajnë me ligje! Dhe ti nuk je mësuar me zakone të tilla. Gjëmave të bregut i bëjnë ballë vetëm njerëzit e këtyre anëve.
- Dua të vij, të shoh dhe mbase është më mirë kur jemi bashkë.

Dionisi u mendua një grimë dhe, pasi më pa drejt e në sy, pa ma ndarë për asnjë çast shikimin, hodhi hapat dhe foli prerazi:

- Mirë pra, eja. Mbase është më mbarë të shkruash për atë që do të njohësh te ritet e banorëve të kësaj gryke. Për ta vdekja është po aq e bekuar sa edhe vetë jeta dhe respekti për të vdekurit është po aq i rëndësishëm sa edhe për të gjallët.
- Shkoni ju, mos u mëdyshni, se defekti është serioz dhe lavdi Zotit që ndalëm këtu, se kushedi se nga do gremiseshim me këtë makinë. Po ju pres këtu sa të mbaroni përshpirtjet, – u dëgjua pas nesh zëri i sforcuar i Edmondit.

Pa e zgjatur më, morëm rrugën dhe, me të prekur udhët e fshatit, këmbët nisën të na përpiqeshin nëpër kalldrëmet e latuara. Diku, në një anë muri, më kapi syri një burrë tejet plak, që qëndronte i ulur në sofatin e një shtëpie gati të rrënuar. Ai, në heshtjen e tij të ngurtë, gati të njëjtë me perënditë në majën e Olimpit, po thithte me nge çibukun e ngarkuar me duhan të dredhur dhe gati nuk na pa kur i kaluam pranë. Dionisi iu afrua edhe më, e përshëndeti, por plaku nuk iaktheu. Dukej krejt i përhumbur në qëndrimin e tij, sikur kishte humbur nocionin e ditë-natës dhe pranisë së njerëzve. Nuk e trazuam dhe vazhduam t'i mbaheshim qëllimit tonë për të mbërritur te shtëpia e gurtë, aty në veriperëndim të fshatit. Hap pas hapi dhe me frymëmarrjet e shpeshta për shkak të relievit të thyer të lagjes së përtejme, po i aviteshim shtëpisë së të ndierës Mali. Ishte një e përpjetë e mundimshme dhe, kur mbërritëm të dyve, gati po na mbahej fryma nga lodhja. Aty pranë oborrit dallova një makinë funerali "Fiat", tip i vjetër, nga ato që në Evropë kanë kohë që kanë dalë nga qarkullimi.

Ngjitëm një palë shkallë druri, që rënkonin pas çdo gjurme, dhe Dionisi shtyu me forcë derën po të drunjtë. Lagështia dhe erërat e kishin mbufatur aq shumë, sa mezi u hap. Në brendësi të banesës u ngrit një thagmë dhe një ulërimë rrëqethëse, që të kallte drithmën. U ngrita në majë të gishtave për të parë më mirë. Në mes të dhomës shtrihej qivuri me trupin e së ndierës dhe pranë saj prifti, që vërviste një fener që nxirrte tym dhe shërbestari që lexonte pjesë nga psalmet. Më tej asgjë, por vetëm zëra njerëzish në një hapësirë të mugët. Pritëm derisa prifti kreu ritet e tij.

- T'ju ketë lënë uratën! – foli prifti me zërin e tij prej baritoni dhe doli së andejmi i shoqëruar përulshëm nga shërbestari.

Të përpiktë në çdo lëvizje tonën bëmë përpara. Dalëngadalë, sytë po më mësoheshin me dritën e mpakët që hynte brenda dhe, për habinë time të madhe, përreth nuk pash kënd, përveçse punonjësin e funeralit me uniformën e tij, që rrinte në këmbë në anë të derës, i gatshëm për çdo gjë.

Zërat e njerëzve u bënë më të afërt dhe silleshin në dhomë si shpirtra pa prehje. Në të dyja anët e qivurit, s'di pse ishin vendosur nga tri laptopë, të ndriçuar me nga një qiri mbi tastierë.

- Mirë se na urdhëruat! - u dëgjua për habinë tonë të madhe një zë nga ekrani! Dionisi shpejt e mblodhi veten dhe ia ktheu me të tijën:

- Të rroni e ta kujtoni dhe t'ju ketë pas lënë uratën!
- Faleminderit, vëlla! - iu përgjigj vrik zëri!

- Na iku Malia, ja kështu, papritur e papandyer, – ia pat një zë tjetër nga një laptop aty bri nesh.

- Iku si të gjithë, kështu e paska kjo jetë, - ia mbajti llafin Dionisi.

- Xhabir ti je?

- Po Dionis, Xhabiri jam dora vet. Si nuk po më njeh?!

- Të paskan ndryshuar vitet kaq shumë dhe u bënë mote pa u pjekur.

- Artemis, ky është Dionisi, kur jeshim të vegjël kemi lojtur sokakëve.

Nga një tjetër laptop u ndie një psherëtimë gruaje dhe një zë i mekur nga të qarët.

- Gëzohem që të shoh Dionis dhe që na u gjende në këtë ditë të zezë. Kam dëgjuar nga Xhabiri për ty dhe ime më, ndjesë pastë, ju donte të dyve shumë, - dhe shpërtheu në vaj.

Paskëtaj u ndie edhe një piskamë tjetër gruaje, që shpërtheu prej një ekrani, diku nga fundi i dhomës. Dhe bri këtij rituali, në kufijtë e absurditetit, qëndronte e heshtur Malia, me pëllëmbët e kryqëzuara si për lutjen e fundit. Hodha vështrimin nga Dionisi, i cili po rrekej të kapërcente sa më natyrshëm këtë situatë të krijuar nga rrethana krejtësisht të paparashikuara.

- Ulu e rri një copë herë, o i bekuar - foli dikush nga laptopi në krye të qivurit. - Jam Pertefi, nipi i Malisë, të kujtohem ndopak?

- Pertef, ti je o njeri i mirë? Po si nuk të mbaj mend? Ju kujtoj gati të gjithë, ashtu siç ju kam njohur dikur!

- Paske mbetur i mirë, o i nderuari Dionis. Pertefi jam, Pertef Konomi i tëri!

- Sa gëzohem që po të ndiej, o mik i largët! S'di pse të dija të vdekur. Kisha vite pa të parë dhe pa dëgjuar asgjë për ty!

- Nuk ke faj i varfëri, pasi prej vitesh jam bashkuar me djemtë matanë detit. Por ja u desh largimi i Malisë, ndjesë pastë, që të mund të të shihja sërish, si dikur, kur na mblidhte pranë zjarrit të vatrës.

Në krye të vargut të kompjuterëve, Artemisa qante me ngashërim dhe vargjet ngjanin sikur i kishin thurur perënditë e detit dhe të tokës, aq sa gjithkush e kishte të pamundur të përmbahej.

- Afrohu Robert, – më tha pas pak me tonin e tij të rrëgjuar Dionisi dhe më pas iu drejtua të tjerëve: - Është një miku im nga Tirana, që ngulmoi të vinte në këtë mort e të mos më linte ta përballoja i vetëm.

- Eja ulu biro dhe ndërro edhe me ne të ikurit ndonjë fjalë. Ja siç e sheh, me raste edhe ne zbresim në këto vise.

- Ku jetoni, o njerëz? - i pyeta dhe përnjëherë u bëra pishman për këtë pyetje të pavend.

- Përtej, në botën e madhe. Ca përfund e ca përpjetë planetit. Ku të na degdisë fati, o vëllai ynë, që m'u gjende në këtë mort.

- Janë përhapur kudo nëpër botë, – më foli Dionisi - dhe ja, sikur t'i ketë ndjellur nata, tanimë gjenden në këtë pikë të humbur të globit.

- Kemi plot njëzet e katër orë online, – foli Artemisa. - Pritëm deri sa hoqi shpirt, e shkreta nëna ime. Agjencia funerale kishte ditë që ish lajmëruar dhe solli gjithçka duhej për trupin, si edhe pajisjet kompjuterike që bëmë njoftimet.

Hodha vështrimin nga punëtori i agjencisë së funeralit, i cili kishte kryqëzuar krahët dhe vëzhgonte me përqendrim të admirueshëm çdo gjë, i gatshëm për të ndërhyrë në zgjidhjen e çdo situate.

- Po si ndodhi gjëma? – pyeti Dionisi - Vuante e ndjera?

- Prej vitesh vuante nga mushkëritë dhe e dinim që edhe fundi nga kjo do t'i vinte. Të premten mbrëma i binim e i binim "skajpit" dhe askush nuk përgjigjej, – fliste një zë nga laptopi bri meje. Atëherë menduam se një gjë e rëndë duhet të kishte ndodhur, ndaj u telefonuam komshinjve dhe ata e gjetën me kokën varur para kompjuterit. Dukej sikur flinte e gjora, - dhe sërish plasi vaji, këtë herë si një kuartet, nën një harmoni gati të përkryer zërash.

- Mos rrini ashtu, merrni nga një kafe, – dëgjohet një tjetër zë nga laptopi tjetër. Në cep të dhomës është makineta e kafes me xhetona. Porositeni si t'jua dojë xhani, të ëmbël a farmak.

- Po si nuk pamë ndonjë shpallje në rrugë, o derman? – pyeti Dionisi. - Me hamendje u nisëm deri këtu. Por me sa duket nuk paskemi gabuar. Këtu kish pllakosur vdekja.

- E kemi publikuar edhe në "Facebook" vdekjen e mamasë dhe deri tani na kanë ardhur plot dyqind e tridhjetë e shtatë "like".

- Ç'ish ky Lajku, që nuk e dimë neve? – thotë një zë gruaje, që deri atë çast nuk ishte ndier fare.

- Nuk është nga fshati ynë, – ia preu me vendosmëri një zë burri. Më ngjau si ai që mbante ison në vajin që i kënduan Malisë para pak.

- Ngushëllim, o të keqen, ç'të jetë tjetër, – i përgjigjet dikush me bindje të plotë. Dhe sërish pllakosi heshtja në pritje që dikush ta thyente.

- Po dreka ku do të shtrohet? – pyeti një tjetër i ardhur nga një ekran në bisht të dhomës.

- Dreka?! – ndihet një zë i habitur femëror. - E kush ka kohë e nerva sot të shtrojë drekë! A dëshironi t'ju porosisim nga një picë të ardhurve? Mund t'i hanë të ngrohta ose fundja t'i marrin me vete, nëse janë për udhë. Ka lehtësira sot. Jeta qoftë, por për të tjerat lipset vetëm prekja e një butoni në kohën e sotme e zgjidh gjithçka.

Befas, njërës prej vajzave iu mbyll programi e nga sa u tha aty, nuk e kishte paguar deri në fund të muajit internetin. Dionisi bëri një veprim, të cilit nuk po i jepja dot kuptim në fillim, por shpejt u vetëdijësova se ai po i bënte shenjë dikujt, se donte të doroviste lékët për mortin, sipas zakonit. Dikush nga "Skype", që e kapi fill kuptimin e këtij veprimi, u bëri të ditur gjithë të pranishmëve se me këtë rast dhe nga vetë rrethanat e krijuara, për të përmbushur zakonin, dëshirat dhe detyrimet e çdokujt, familja ka hapur një numër llogarie bankare dhe shuma e parave mbahej direkt nga pensioni, asistenca e të papunit apo paga mujore, plus transfertën bankare.

Nuk mbaj mend me saktësi se sa kohë kish rrjedhur që kur vumë këmbë përtej këtij pragu, kur Dionisi vërejti orën dhe më bëri shenjë. Pas pak, ai me druajtje pyeti të tjerët:

- Nuk mësuam për varrimin, kur do të kryhet dhe ku?

Përreth u dëgjua një shushurimë gati e përzishme zërash dhe tingujsh. Dikush mori fjalën dhe iu drejtua me afërsi Dionisit:

- Tani është dimër dhe për varrimin në këto anë pret puna.

Mamanë do ta lëmë në dhomë kështu siç është dhe do t'i lëmë hapur të gjitha dritaret e shtëpisë. Nga erërat e detit, dëborat e stinës dhe në temperaturat e ulëta, trupi duron edhe me vite, ndoshta derisa, një ditë, ndoshta pa zbritur ende behari, të vijmë të gjithë bashkë në fshat dhe të bëjmë një ceremoni sipas zakonit.

Aty menduam bashkë me Dionisin që ky motiv ishte edhe çasti më i volitshëm për t'u ngritur e për t'u ndarë me të gjithë. Dionisi u përshëndosh me të gjithë e nderoi mbi trupin e pajetë të Malisë. Gati të njëjtën gjë bëra edhe unë fill pas tij dhe më pas u larguam me një pezmatim që nuk mund ta fshihnim, me gjithë përpjekjen e sforcuar për ta hedhur pas krahëve.

Punonjësi i funeralit na shoqëroi deri në fund të shkallëve. Dera prapa nesh u mbyll me një kërkëllimë të mbytur. Nuk po fliste askush. Unë doja të shuaja një kureshti dhe e pyeta përfaqësuesin e agjencisë funerale.

- Po ju, kur do të largoheni?

- Menjëherë pas jush. Do të mbledhim pajisjet, do të hapim dritaret dhe parvazeve mes kanateve do t'u vëmë në anë nga një gur, që në erë e suferi të mos përplasen me njëra-tjetrën. Këtë marifet e bëjmë thuajse në çdo ceremoni të këtij lloji. Derisa të kthehen të afërmit e të vdekurve.

- Po nëse askush nuk vjen dhe nuk do të arrijë të kthehet ndonjëherë në fshat? – e pyeta.

- Nëse ndodh vërtet kështu, atëherë gjithçka riciklohet! Më tej, sipas takatit të gjithsecilit, agjencia mund të hapë në faqen e saj zyrtare posaçërisht edhe një folder, ku gjithkush mund të postojë mesazhe apo kujtime, në çdo përvjetor të të afërmve të tyre, që e kanë lënë këtë botë.

Këto më tha punonjësi i funeralit dhe më shkeli syrin me qesëndi. Na zgjati dorën dhe na uroi udhë të mbarë, duke na siguruar që të mos hiqnim merak për asgjë. Sipas tij çdo gjë do të shkonte mbarë e mirë deri në fund. E përshëndetëm dhe morëm shtegun tatëpjetë. Nga larg, jashtë derës së sapombyllur të ndërtesës prej guri, shquajta qenin e shtëpisë, që angullinte me forcë dhe me putrat e tij rrekej të shtynte me gjithë fuqinë derën. Retë po zbrisnin nga maja e malit përposhtë. Teksa tërhiqja këmbët mbi kalldrëm, i hodha sytë si vjedhurazi kreshtës ku shtriheshin shtëpitë e fshatit dhe befas kuptova atë që s'do ta kisha besuar edhe në romanet e policeske: të gjitha dritaret qenë të hapura. Ecja dhe mendoja për gjithë sa pash e kuptova në këtë udhëtim dhe befas mendova se i gjithë ky fshat, dikur i banuar nga njerëz, sot ishte shndërruar në një varrezë! Më tej nuk mbaj mend asgjë, por kujtoj që jemi përmendur si robër lufte bri një udhe të pashkelur, diku në anë të humnerës. Diku ishim gremisur. Pamë njëri-tjetrin në sy dhe pa e zgjatur u ngritëm dhe nisëm të çapiteshim drejt makinës, që kish ndalur në anë të udhës.

Era e ftohtë dhe shiu i saponisur na shtynte drejt udhës kryesore. Dionisi u ndal një çast pa folur, hodhi vështrimin përtej, u zgjat paksa mbi një dru të veçuar, këputi një degë ulliri në formë kryqi, e pastroi nga gjethet dhe e hodhi mbi det. Përveç vështrimeve tona, hedhjen e kryqit nuk e ndoqi askush. Por vetëm se diku, përtej, dalluam një tufë kuajsh të egër të vraponin anës brigjeve drejt ujërave, ku rënia e kryqit kishte krijuar sfera që përhapeshin pambarimisht drejt tyre dhe më tej shihnim stërkalat që u derdheshin dendur mbi trupat e hajthshëm. Më pas nga qielli nisën të shkëputeshin kristale dëbore dhe kërcitja e tyre mbi ashpërsinë e shkëmbinjve shkrihej mbi horizont si polifoni e ardhur motesh. Britmat e ujqërve u përhapën sërish. Mbrëmja kish pllakosur sërish mbi ultësirë. Dhe ashtu, pa e kuptuar, u ndjeva si një qenie pa peshë, që fati rastësisht më kish hedhur diku nën një botë të veshur me polesterol. Tej mbrëmjes, nga thellësitë e Jonit përhapej mjegulla e dendur, që më pas errësira do t'ia mbështillte kohës si qefin. Pas vetes ndieja hapa që largoheshin dhe rreze të zbehta ditësh, që binin në një hapësirë të etertë, ngarkuar me hije dhe zëra të larguarish.

# Tri poezi

## MIMOZA KUCHLY

### *Njëzetë e gjashtë sekonda nga hëna e një gruaje*

Shtratit fluturova
Pa i kërkuar vetes veçse
të ma mbante të freskët atë ç'ka më përvëlonte,
kur jashtë dielli flakëronte,
Vesha të njëjtin fustan me pika blu
dhe sandalet e bardha;
pa asnjë ndryshim
nga takimi ynë, atje, përtej, diku.
Me kapësen blu mblodha flokët topuz të çrregullt,
hodha krahut çantën transparente
hodha të njëjtin parfum,
atë që t'i përkëdhele.
S'kemi as orar, as vend takimi,
kam veç dëshirën të vrapoj drejt teje.
Trupi m'u përflak e zemra rrahu,
jo nga nxitimi,
por prej ankthit,
dëshirës,
padurimit që vlonte në deje.
Qëllimisht nuk bëra dush, nuk hëngra as mëngjes,
i vetmi makijazh mbi fytyrë,
i kuqi si gjaku, që më ziente brenda nga malli,
e etur ta fshije me buzët e tua dashnipërflakur.

Ti nuk më pret, e unë të kërkoj gjithkund,
qyteti nuk më është dukur ndonjëherë kaq i çuditshëm.
Hapat shkelin me trok padurimi,
flladi i mëngjesit më shpupuris mendimet,

si një turbinë që nuk gjen çelës paqtimi.
Njerëzve ua fsheha buzëqeshjen nën maskën e bardhë,
por jo dëshirën e syve tek picërronin udhëve,
ku më shumë kish gjethe të verdha se kalimtarë.
Nuk di në vallëzoja apo fluturoja,
të kërkoja nën maska të panjohura.
Trupi ndiente mungesën,
dëshirën e një përqafimi,
shtrëngimi,
të puthjes, që më zgjoi agut.
Kjo ditë më rrëmbeu,
me dëshirën të shiheshim sy ndër sy,
ndoshta ti do ta kuptoje se vjen nga ëndrra e një nate,
ndaj s'mund të ndeshemi
ti me mua e unë me ty...
Të kërkova ditës tek shijoja parfumin
e përqafimit tonë të një hëne më parë,
njëzet e gjashtë sekondat e ëndrrës sime,
mbetën shkrifur në shtratin e çarçafëve të bardhë...

# Drejt gjysmë shekullit

Ëndërrimesh
sa shpesh
më shfaqet
shtëpia
ku linda
e quajtur
mëmëvatër...
Shpirti
në heshtje
vlon
nën drithërima.
Vitet shkojnë
ndiej
tek rinohem
prag gjysmë shekullit,
unë vetë
fëmija..

## Buzët

Ato mbeten buzët
më enigmatike,
më ndjellëse,
më të dëshiruara
 sa herë i ëndërroja,
trupi drithërohej
e përshkohej nga llava e tyre...
ndieja që përvëloja i gjithi
nga ky kurth,
ku vetëm zgjimi
bëhej aleati im...
E dëshiroja aq shumë
sa i lutesha të largohej,
të më braktiste,
të më harronte...
të më linte skllavin e saj
 të përjetshëm,
të vdekur ndër të gjallë...
Vështrimi i saj qeshte,
 lazdronte,
e unë kuptoja
se sa më larg
përpiqej të shkonte,
aq më shumë më marronte.
E dëshiroja
e mallkoja
veten e brishtë...
Sikur
statuja
të mos ish gur...

# ROMELDA BOZHANI

## *Rekuiem për poetët*

*Për Ardianin*

Një njeri nuk jeton më.
Na la pa bujë, asnjë gjest teatral në ikjen e tij,
asnjë zhurmë,
kur ëndrrat ia errësoi një kryq i drunjtë,
vendosi të mos kapej më pas botës,
pas kësaj jete të shndrritshme.
Nga fundi psherëtinte, nuk këndonte.
Lumenj melodish shndërroheshin në këngë të vjetra
brenda tij.
Ne, jashtë, dëgjonim vetëm fjalët e jehonën.
Ishte poet.
Nga dhembja përthyhej,
ndërsa ne nuhasnim erë bukurie.

Pse përpëliten përjetësisht poetët?!
Mos vallë i plagos krijesa e tyre: fjala?
Poetët të përplasin në fytyrë
atë shpirt që e quajnë thjesht "sy",
e ndërsa heqjen dorë ngatërrojnë me paqen,
shkojnë drejt humnerës.
Në fund, në një strehëz të zakonshme rehatohen,
si vdekatarët.
Të gëzosh Hiçin, ç'ide madhështore!
Vdekja e tyre është kaq e rëndë,
humbje e thellë vetëvrasja - përcjellje drite,
si muza hyjnore e poetit, si shpirti, si syri.

Ah sa dua t'i shkund me forcë poetët,
një nga një, me radhë, të gjithë;
ata që më mësuan të shoh e të vëzhgoj,
ata që më lodhën së ndjeri,
ata që më bënë të kuptoja tharmin.
Më vjen t'u këlthas në fytyrë të mjerëve,
sepse, pa ta, nuk do të isha Unë.

Sepse jam bërë me kohë
pre e brishtë, kaq e ndjeshme ndaj bukurisë.
Jam shndërruar në antikonformizëm kundër etiketës,
depresioni i tyre kundrejt botës.
Kësaj bote që ata e duan, e urrejnë, e fshikullojnë, e përkëdhelin,
që e ngjallin nga hiçi,
e që në hiç me përbuzje i kthen.
E përjetshme shija e hidhët e pafuqisë,
nostalgjia për kohët primitive
që s'i jetuan dot,
por i dëgjuan, përfytyruan dhe i deshën me shpirt,
siç duhet mishi yt,
a atdheu,
nga ne njerëzit, rëndom.

Poetët e duan atdheun,
siç duhet një dashnor i paarritshëm,
me dhembje...
Ndërsa ne endemi më kot nëpër botë -
dashnorë të dramave të vogla.
Ata, yjet mbledhin,
ne veç i adhurojmë.
Poetët dashurojnë të pamundurën,
ne me rastësinë luajmë,
dhe ia përplasim në fytyrë të përditshmes,
që e urrejmë,

e fshikullojmë,
e përkëdhelim,
e dashurojmë dhe e mbledhim
në një thes të madh e të thellë
si humnera ku takohen të gjithë poetët,
si jeta jonë, e hedhim.

Ja, pra, kjo është e keqja:
Ata, poetët, na mashtrojnë kaq bukur!

# Poezi nga Neviana Shehi

## Shndërrimi në ajër

Kurrë s'u bëra mike me natën
dhe asnjëherë s'kam dashur ta pres në sallonet e mia.

Netët janë mëmëzonjat e ngrysura të gjumit
dhe gjumi s'është gjë tjetër,
veçse një vrimë e madhe, e zezë
një shpellë misteri,
ku hijet dhe ëndrrat vijnë rrotull,
si në një valle indiane.

Është i zi gjëmimi i daulles,
dhe valltari që udhëheq vallen.
Thonë se vështrimi i tij djeg çdo natë,
kocka ëndrrash të fjetura.

Mijëra herë të ekzistencës sime,
jam përpjekur t'i iki valles,
daulles dhe syrit të errët,
të atij që e udhëheq këtë rit.

Shndërrohem në ajër dhe udhëtoj,
në të tjera botë paralele,
udhëheqësi im,
vetëm sa më ndez një dritë të ndrojtur,
fosforeshente diku përpara dhe zhduket.

Më tej, hapat e mi e dinë vetë rrugën,
gjer në të gdhirë.
E nesërmja dihet,
vjen e bukur dhe e bardhë si imagjinata,
si fundjava që na pret së bashku...

## E vërteta

Në kërkim të së vërtetës,
lëviz prej kaq shekujsh,
pa ndalur, si somnambul.

Është e madhe bota,
rrugët të gjata,
dhe qytetet të pafundme...

Por etja ime
është shumë më e madhe se bota.

Kam takuar kaq magë
dhe magjistarë,
që më kanë thënë:
"Unë jam e vërteta".

Kanë rrahur gjoksin,
por argumentet e tyre,
kurrë s'më kanë bindur,
ndaj dhe u kam ikur.

Kam vizituar gjithë tempujt në Indi
dhe kuvendet e murgjve budistë në Tajlandë.

Në një tempull,
diku, në rrugën e mëndafshit,
m'u duk sikur e gjeta:
një dervish me pamje engjëlli,
më hapi hartat e kërkimit të jetës,
por zëri i tij, në një çast të vetëm,
m'u duk si i djallit.

Brenda timbrit të tij,
munda të dalloj,

zërat e katërmbëdhjetë djajve,
mbledhur nga lëndinat e vdekjes.

E kish tradhtuar vetvetja...

Një dhimbje e thellë,
m'u mblodh në fund të gjoksit,
dhe pastaj më shpërtheu,
si ulërimë ujkonje.

Të vërtetën e gjeta
te rrëfimet e gjyshes,
kur na mblidhte rreth oxhakut
në shtëpinë tonë,
ndërtuar me krahë zogjsh
dhe fluturime skifterësh,
e na thosh:
"E vërteta më e madhe e botës,
është një gënjeshtër e bojatisur!".

## Zbritja nga ballkoni

Ulur në ballkon,
gjëja e parë që bëj këtë mëngjes,
pasi përshëndetem me pemën përkundruall,
shkruaj mbi trungun e saj këngën time të parë.

Në mëngjes, trungu është i butë
dhe i tejdukshëm;
arrij të shoh në brendësinë e tij
një qytet të madh milingonash,
dhe mbretëreshën e tyre,
që e mbajnë përmbi supe.

Ushtarët ecin para, ndërsa shërbëtorët,
veshur me paruke të verdha
dhe kostume të kuqe,
sa majtas-djathtas.

Sot anëtarët e orkestrës
nuk kanë dalë
dhe detyrën e tyre
ia kanë lënë një qukapiku të rreckosur.

Pas pak,
edhe mua nis të më duket vetja,
pjesë e kësaj shfaqjeje,
dhe, dalëngadalë, harroj vetveten.

Duhet që ti të pyesësh:
"A ka ndonjë të re?",
që unë të vij në vete,
të zbres nga ballkoni,
dhe të mendoj se ky mëngjes,
do të jetë përsëri si ai i djeshmi,
me diell dhe me gjithçka.

## Deshifrimi i shenjave

Në fakt, ne kemi qenë aty
që kur Bibla nisi të shkruajë
faqet e saj të para
dhe në faqen e malit Sion
të ngrihej sinagoga e shtatë.

Shekujt
mbretërit
dhe mbretëritë
u shtresuan
mbi njëra-tjetrën
për t'u shndërruar më pas
në libra vajtues
por jo mbi ne.

Ne kishim hyrë
nga një dritare e tempullit
të vazhdimësisë
dhe kjo na kish bërë
të padukshëm.

Me Solomonin
dhe mbretërinë e tij
ishim ndeshur
vetëm me shikime
dhe kemi qenë me fat
që ai nuk na ka parë.

Sepse është tepër e sertë
historia dhe rrugët
e ngatërruara të saj.

Të kisha thënë
vetëm rreshtin e parë
të kapitullit të dashurisë
por jo krejt kapitullin.

Gjithkush duhet ta meritojë!

Fakti që mbetëm aty
ku jemi dhe sot
tregon se kemi gabuar
në deshifrimin e shenjave.

Figura e gjarprit të ngordhur
në këmbët e asaj sinagoge
mund të ketë qenë e helmuar
dhe ne s'e kemi ditur.

Megjithatë le të ndahemi këtu
unë po bëhem
pjesë e këtij peizazhi pezull
ndërsa ti martohu
me format e lëmuara
të kësaj paqeje të brishtë
që po avitet.

Shandanët
dhe priftërinjtë
i ke gati...
Amen...!

# *Mbiemërzimi i gabuar i foljeve dhe ndajfoljeve*

## DRITAN KIÇI

Mbiemri është një element i rëndësishëm në shkrimin krijues, por njëkohësisht po aq i abuzueshëm kur përdoret në zëvendësim të foljes apo ndajfoljes. Përveç kësaj ka një rregull të artë në shkrim, në të gjitha gjuhët e botës: asnjëherë mos përdor dy fjalë (apo elemente gjuhësore) kur mund të përdorësh një. E thënë ndryshe: shkrimtari duhet të përpiqet të thotë sa më shumë me sa më pak fjalë. Mbiemërzimi i foljeve dhe ndajfoljeve e thyen këtë rregull dukshëm dhe me pasoja në cilësinë gjuhësore dhe letrare.

Pa dashur të hyj më shumë në teori, shembujt e mëposhtëm, marrë nga shkrimtari dhe miku im i mirë Arbër Ahmetaj, ilustrojnë thjesht e saktësisht çka përmenda më lart.

*"Nga larg pashë se burri me mjekër, kravatë të shtrenjtë e xhaketë të leshtë, me të cilin kisha pirë uiski, **ishte i ulur**, qetësisht lexonte një gazetë."*

Në këtë rast, **"ishte i ulur"** është përdorur gabim. Folja "ishte", në këtë rast, nuk ka asnjë funksion gjuhësor; është parazitare dhe e bën tekstin të lodhshëm. Gjithashtu, në vend të ndajfoljes është përdorur një mbiemër i panevojshëm. Ndaj, versioni më i pastër formohet me heqjen e nyjës "i" dhe rikthimin e mbiemrit në ndajfolje.

*"Nga larg pashë se burri me mjekër, kravatë të shtrenjtë e xhaketë të leshtë, me të cilin kisha pirë uiski, **ulur**, lexonte qetësisht një gazetë."*

Ja dhe disa shembuj të ngjashëm, ku ndajfolja është mbiemërzuar dhe ka humbur kuptimin e mirëfilltë dhe qartësinë e rrëfimit:

*"Omerit iu duk se të gjitha ato që po mendonte, ishin **të kota**..."*

*"Fotografitë e viteve të para ishin **të pakta**..."*

*"Ishin **të paktë** ata që kishin miqësi apo hynin në rrethin e piktorit."*

Nyja **"të"** është e tepërt dhe heqja e saj, përveç shmangies së një elementi parazitar, e fuqizon ligjëratën.

*"Omerit iu duk se të gjitha ato që po mendonte, ishin **kot**...*

*"Fotografitë e viteve të para ishin **pak**..."*

*"Ishin **pak** ata që kishin miqësi apo hynin në rrethin e piktorit."*

Në rastin në vazhdim, folja është zëvendësuar me mbiemër:

*"Ishim **të betuar** që të mos e linim atë përrallë të vdiste."*

Gabimi është i dukshëm, sepse folja që shpreh qartë veprimin që ka ndodhur, "betuar", është transformuar në mbiemër, që shpreh një cilësi dhe komplikon më kot ligjëratën me elemente parazitare. Forma e saktë është:

*"Ishim **betuar** të mos e linim të vdiste atë përrallë."*

Në rastin në vazhdim përdorimi i gabuar i mbiemrit sjell një përkeqësim të mëtejshëm të rrjedhshmërisë së ligjëratës, sepse detyron dhe përdorimin e një foljeje ndihmëse pa vend për t'iu përshtatur mbiemrit.

*"Ata, po **të ishin të mundshëm** të ndodheshin aty..."*

*"Ata, po **të mundnin** të ndodheshin aty..."*

Vetëm në rastin kur mbiemri nuk ka prejardhje foljore mund të paraprihet nga folja **"jam"** pa rrezikuar keqpërdorim, si për shembull: *"ishte i fortë"*, *"ishin të bukur"*.

Për të mos u zgjatur, siç e thashë dhe më lart, nëse përballesh me dilemën e përdorimit mes mbiemrit dhe foljes, folja është gjithnjë e preferuara dhe nëse dy fjalë mund të zëvendësohen me një, zëvendësimi është i detyrueshëm.

Dikush mund të thotë se edhe format e mësipërme të konsideruara gabim janë shqip dhe e shprehin kuptimin e dëshiruar. *"Nuk jam kondra"*, thoshte Vani i madh. Kur e pyeti e shoqja: *"Po si do t'u flasim mor Vani? Sa turp!"*

*"Po, si të jetë vakti!"*, iu përgjigj.

*\*Shembujt e marrë në këtë shkrim janë përdorur vetëm për ilustrimin e mbiemërzimit të foljeve dhe ndajfoljeve, pa prekur probleme të tjera mbi shkrimin.*

# *Të panjohurit*

## ORNELA MUSABELLIU

Keti u zgjua me shije të hidhur në gojë. Kokën e ndjeu të rëndë. Qepallat nuk po bindeshin t'i hapeshin. Një rreze dielli depërtonte grilat e kish gjetur prehje bash mbi fytyrën e saj. Ashtu, me sytë gjysmë të mbyllur, largoi kuvertën. Vari jashtë shtratit këmbët e bardha si të një bebeje, që ende nuk e ka parë dielli dhe kërkoi me shputa pantoflat, që i mbante përherë në të njëjtin pozicion. Kur nuk i gjeti, tendosi gati përdhunshëm muskujt e fytyrës derisa sytë iu hapën. Kur shikimi iu kthjellua, kokërdhokët e syve sa nuk i dolën vendit. Vështroi rreth e rrotull me alarm. Nuk ishte në shtratin, dhomën e saj. Edhe më tepër u rrefkëtua kur pa se në krahun tjetër flinte një burrë... Që nuk ishte i saj!

Ç'kish ndodhur? Vrau mendjen të kujtonte diçka, por pamjet iu shfaqën të turbullta dhe të errëta, si një film fotografik i djegur. Një krizë paniku që ia kërrusi trupin, mbuloi me krahun e majtë gjinjtë e plotë e të bardhë, e ashtu, gati e përthyer më dysh dhe pa zhurmë, mblodhi rrobat e shpërndara sa andej-këtej në dysheme. Tek vishej me nxitim, pas çdo lëvizjeje shihte nga shtrati. Nën zë u lut që burri të mos zgjohej e ta gjente ashtu. Ia nguli sytë për pak, të shihte se mos e njihte, por jo.

Si kish përfunduar me këtë të panjohur? Vështroi rreth e qark. Dhoma e hotelit, veshur me moket të butë e të këndshëm për lëkurën, ishte mobiluar me shije të hollë. Një shishe verë e dy gota kristali mbi tavolinën molite prej qelqi me mozaik. Një tryeza elegante, me dy ulëse të zeza po aq elegante, ishte ngjeshur pas xhamit të dritares së madhe, sa faqja e murit. Perdet e rënda ngjyrë okre, përzier me një nuancë të lehtë gurëkali, ishin kapur në dy anësoret e kanatës me kapëse të mëdha të verdha, derdhur në formën e fytyrës së një gruaje-hënë.

Mori shishen, por gati sa nuk i ra nga dora kur pa etiketën:

"Brunello di Montalcino". E tundi lehtë si për të parë në ishte pirë dhe e vuri ngadalë mbi tavolinë, me kujdes të mos bënte. Në një pjatancë ovale porcelani, një arragostë gati e paprekur dukej sikur flinte; mbetje ushqimesh të tjera dhe dy "Moelleux au chocolat", që as u kishte ardhur radha të haheshin.

"Të paktën nuk paskam përfunduar në një vrimë miu", mendoi. E vetmja gjë që e ngushëllonte ishte fakti që nga përzgjedhja e dhomës luksoze dhe verës së shtrenjtë, ai burrë i huaj, që flinte i patrazuar, dukej të ishte zotëri. Kjo do të thoshte më pak andralla dhe më shumë shanse për t'u larguar paqësisht nga njëri-tjetri.

Mendimet e rrëmujshme po i gjëmonin kokën. Ndihej si miu në çark. Kush e kishte parë një natë më parë, të futej në hotel me një të panjohur? Në cilin cep të qytetit ndodhej? Si do të dilte nga aty? Si do kalonte përpara recepsionit dhe ç'do bënte sikur rastësisht ta shihte ndonjë i njohur? Donte ta zgjonte zotërinë, që dukej si i një i vdekur me shprehje kënaqësie të stampuar në fytyrë, e ta pyeste për gjithçka, por po aq edhe i trembej përballjes.

T'ia mbathte nga sytë këmbët e të hidhte pas krahëve çdo gjë, por e dinte që të gjitha të panjohurat e asaj historie do ta torturonin gjatë. Ndihej e turpëruar. Nuk i kish bërë vaki kurrë një histori e tillë.

Shija e hidhur e gojës iu bë edhe më e fortë dhe koka po i mpihej, sikur ta kish zhytur në një kove me akull. Filloi të cimbiste me dhëmbë lëkurën anash thonjve e të rrotullohej mbi thembra, pa ditur ç'të bënte. Hodhi sytë sërish nga burri në shtrat dhe si me keqardhje belbëzoi nën zë: "Kush e di sa i ka kushtuar kjo natë!". Ai, sikur ta kishte dëgjuar, lëvizi. Keti rrëmbeu çantën varur në shpinoren e karriges dhe rendi drejt banjës.

Burri hapi sytë e ndjeu një lëmsh të zjarrtë në grykë. Iu duk se po prridhej, ndaj donte të lagte gurmazin. U ngrit vrik nga shtrati, por shtangu, ashtu, gjysmëndenjur. Picërroi sytë. Ku ishte? Gjithçka rreth e rrotull ishte e panjohur. Ktheu sytë nga ana tjetër e shtratit dhe e preku. Ende i ngrohtë. Me kë kishte fjetur? Ndjeu çelësin e derës së banjës të rrotullohej nga brenda. Asnjë zhurmë tjetër. U ngrit dhe në këmbën e djathtë iu ngjit diçka, një prezervativ. E largoi me neveri, duke e fërkuar shputën pas moketit. Një tjetër, mbushur plot spermë, dergjej mbi komedinën në krah të shtratit. "Paskam bërë kërdinë", mendoi dhe në çast i erdhi keq që nuk kujtonte dot asgjë. Rrëmbeu rrobat e u vesh me urgjencë. Sytë i zunë një pallto të zezë grash, varur te prifti prej dru ahu, pranë xhupit të tij modest. Ia kontrolloi xhepat. Dy dorashka të buta kashmiri dhe një shami hundësh. Asgjë më tepër që ta lidhte me pronaren e tyre.

Iu afrua tavolinës. Shishja e verës dhe "gostia" e pambaruar gati e luajti mendsh. "Kush do i paguajë gjithë këto salltanete?" Instinktivisht nxori nga xhepi i pasmë i pantallonave portofolin. Asnjë kacidhe, por ama mbante mend se nuk kishte pasur shumë para kesh me vete kur kishte dalë nga shtëpia. Me gjendjen në kartën e bankës as që bëhej fjalë të mbulonte aq shumë shpenzime. Gota e verës pa asnjë shenjë të kuqi buzësh në të, që nënkuptonte markë të mirë e të shtrenjtë, e bëri të mendohej: "Kush e di me ç'pasanike paskam përfunduar. Ta pres a të iki? Po ta kem ftuar unë, si do t'i paguaj gjithë këto. S'më duhen më shumë telashe tani". Rrëmbeu xhupin e pa e vrarë mendjen për kërcitjen e derës, doli në korridorin e gjatë të katit. Ashensori ishte i zënë. Nuk priti, por u turr teposhtë shkallëve.

Keti, që kish përgjuar pas derës së banjës çdo lëvizje të të panjohurit, priti edhe ca çaste pas mbylljes së derës së dhomës dhe nxori kokën me frikë, me veshët ende ngrehur. Si u sigurua që asgjë nuk merrte më frymë veç saj në dhomë, veshi pallton dhe doli. Ashensorin, për fat, e gjeti hapur dhe bosh. Shtypi butonin me duart që i dridheshin. Ngriti jakën e palltos lart. Nxori nga çanta kapelën në stilin francez. Lidhi disa herë pas qafës shallin e madh, me të cilin mbuloi gati edhe gjysmën e fytyrës e, kur kutia e hekurt ndaloi pa u ndier, priti plot ankth e drojë hapjen e dyerve. Po ta shihte kush?

Për fat, recepsionisti ishte i zënë me një çift që po regjistrohej. Me hap të sigurt i ra mespërmes hollit të madh e luksoz dhe ndali veç një çast te dyert rrotulluese, që të nxirrnin drejt e në rrugë. Ngriti edhe më shallin mbi fytyrë, që askush mos ta njihte, e bëri të kalonte por befas, një prekje e fortë në shpatull e paralizoi. Ngriu e tëra. Ai apo sportelisti? Paratë e dhomës, mendoi. Gjaku i ra në fund të këmbëve dhe stomaku iu mblodh e iu bë si një rrëfangull, ku zuri vend ankthi. Megjithatë u kthye me mirësjellje.

- Më falni, zonjë!

Burri pas saj, me një xhup gri e kasketë bejsbolli, qe përplasur pa dashje, në nxitim e sipër për të dalë edhe ai. I kërkuan njëri-tjetrit ndjesë e dolën në rrugë. U përshëndetën dhe morën drejtime të ndryshme.

www.ingramcontent.com/pod-product-compliance
Lightning Source LLC
LaVergne TN
LVHW042046070526
838201LV00078B/817